AV

Monografías *Monographs*
189-190 (2016)

MVRDV
Dream Works

Director *Editor*
Luis Fernández-Galiano

Director adjunto *Deputy Director*
José Yuste
Diagramación/redacción *Layout/Editorial*
Cuca Flores
Eduardo Prieto
Laura F. Suárez
Maite Báguena
Raquel Vázquez
Pablo Canga
Miguel de la Ossa
Coordinación editorial *Coordination*
Laura Mulas
Gina Cariño
Producción *Production*
Laura González
Jesús Pascual
Administración *Administration*
Francisco Soler
Suscripciones *Subscriptions*
Lola González
Distribución *Distribution*
Mar Rodríguez
Publicidad *Advertising*
Cecilia Rodríguez

Editor *Publisher*
Arquitectura Viva SL
Calle Aniceto Marinas, 32
E-28008 Madrid, España
Tel: (+34) 915 487 317
Fax: (+34) 915 488 191
AV@ArquitecturaViva.com
www.ArquitecturaViva.com

AV Monografías es miembro de ARCE

Precio en España 50 €
© Arquitectura Viva

Esta revista recibió una ayuda a la edición del
Ministerio de Educación, Cultura y Deporte en 2016

Impresión *Printing*: Artes Gráficas Palermo
Cubierta *Cover*
Markthal Rotterdam (© Hufton + Crow / VIEW)
Traducciones *Translations*
Laura Mulas, Eduardo Prieto, Gina Cariño

Lugares lúdicos
Leisure Land

Fantasías verdes
Green Fantasies

Ciudades visionarias
Visionary Cities

A través del espejo
Through the Looking Glass

La obra de MVRDV nos traslada al otro lado del espejo. Como se sabe, buena parte de la arquitectura holandesa reciente es efervescentemente experimental: incansablemente inventiva e imaginativamente innovadora, nos gusta pensar que sus raíces se hallan en los paisajes fabricados de un país artificial que se ha creado a sí mismo como una *tabula rasa* abierta a cualquier experiencia, y como un laboratorio urbano disponible para cualquier ensayo social o material. Sin embargo, el trabajo del trío de Rotterdam desborda el pragmatismo propositivo para atravesar el vidrio azogado donde se refleja la vida cotidiana y aventurarse en un universo onírico que confunde realidad y relato, donde el sueño enmadeja figuras y fantasmas, y donde la fantasía fabrica ficciones verdaderas. En esa verosimilitud visionaria reside el atractivo de unos arquitectos que han pasado a través del espejo sin sucumbir al espejismo.

Ningún proyecto ilustra mejor ese ilusionismo inteligente que la Granja de Vidrio en Schijndel, un conjunto de restaurantes y tiendas alojados en un facsímil de arquitectura vernácula que se configura serigrafiando los muros de ladrillo, carpinterías blancas y cubiertas de teja de la construcción tradicional sobre la envolvente vítrea del volumen: una operación surreal y pop que introduce sin violencia un edificio nuevo en un casco histórico, y a la vez nos provoca con su prestidigitación hipnótica, eliminando fragmentos borrosos del revestimiento para permitir la visión del interior. El cristal se hace así transparente a la mirada, y ocasionalmente se abre al paso, permitiendo cruzar al otro lado del vidrio para ofrecer un marco a la Alicia que pregunta a su gatita: «How would you like to live in Looking-glass House, Kitty?» Como ella, los arquitectos de MVRDV atraviesan espejos para construir sueños.

Hace ya veinte años visité en Rotterdam el entonces joven estudio de Winy Maas, Jacob van Rijs y Nathalie de Vries —cuando aún no habían terminado las dos obras que les darían inmediata popularidad, la Villa VPRO en Hilversum y los apartamentos WoZoCo en Amsterdam—, y los tres me impresionaron tanto por su profusión imaginativa como por el talento práctico con el que conseguían hacer los sueños realidad, y que les permitiría, por ejemplo, materializar la 'sección libre' antes de que lo hiciera su mentor Rem Koolhaas. Han transcurrido dos décadas, el pequeño despacho es hoy una gran oficina, sus líderes han madurado sobre los escenarios como viejos rockeros, pero el empeño ambicioso en hacer posible lo imaginario sigue intacto, y Winy, Jacob y Nathalie continúan viajando a través del espejo para ofrecernos el relato de sus aventuras oníricas y el botín de sus hallazgos arquitectónicos.

Luis Fernández-Galiano

MVRDV's work takes us to the other side of the looking glass. As is known, much of recent Dutch architecture is effervescently experimental. Tirelessly inventive and imaginatively innovative, we like to think that its roots can be found in the manufactured landscapes of an artificial country that has created itself as a tabula rasa open to any experience, and as an urban lab available for any social or material experiment. However, the work of the Rotterdam trio goes beyond propositive pragmatism to cross the mirror on which daily life is reflected and venture into an oneiric world that confuses reality and narrative, where dreams mix figures and phantoms, and where fantasy fabricates true fictions. In this visionary verisimilitude lies the appeal of the architects, who have crossed the looking glass without falling for a mirage.

No project illustrates this intelligent illusionism better than their Glass Farm in Schijndel, a group of restaurants and shops housed in a facsimile of vernacular architecture configured by silkscreen-printing the brick walls, white frames and tile roofs of a traditional farm on the glass envelope of the volume; an operation both surreal and pop that gently inserts a new building in a historic environment, and at the same time provokes us with its hypnotic magic, removing blurred fragments of the printed image to show the interior. Glass thus becomes transparent to the gaze, and also permits stepping through, allowing to pass to the other side and offering a stage for the Alice who asks her white kitten: "How would you like to live in Looking-glass House, Kitty?" Just like Alice, the architects of MVRDV cross mirrors to build dreams.

Twenty years ago I visited in Rotterdam the then young studio of Winy Maas, Jacob van Rijs and Nathalie de Vries – when they still had not completed the two works that would bring them instant popularity, Villa VPRO in Hilversum and the WoZoCo apartments in Amsterdam –, and they impressed me both with their imaginative resources and the practical talent with which they made their dreams come true – that would allow them to materialize the 'free section' even before their mentor Rem Koolhaas. Two decades have gone by, the small studio is now a big office, its leaders have matured, but the ambitious determination to turn imagination into reality is still intact, and Winy, Jacob and Nathalie continue travelling through the looking glass to offer us the story of their oneiric adventures and the fruits of their architectural discoveries.

Laura Fernández Suárez

Tres voces, una visión
Three Voices, One Vision

Expo 2000 Netherlands Pavilion, Hannover (Germany), 1997-2000

La invención formal, la búsqueda de densidad, el juego ilusionista y las utopías definen la prolífica obra en evolución de MVRDV.

Formal invention, a keen interest in density, the illusionist game, and utopias together define the prolific and ever evolving work of MVRDV.

LA OBRA VISIONARIA e ilusionista de MVRDV abruma por su prolífica variedad. La oficina holandesa ha pasado de los tres miembros fundadores originales cuyos apellidos dan nombre al estudio —Winy Maas, Jacob van Rijs y Nathalie de Vries— a una infraestructura internacional de más de 150 personas, con cinco nuevos socios y una sede en China, además de la central de Rotterdam. Bajo este desarrollo se encuentra una vasta producción que, para el observador externo, puede parecer frenética e inabarcable. Casi cada semana se anuncia algún concurso ganado por los holandeses o el comienzo de la construcción de alguna de sus obras.

Winy Maas, Jacob van Rijs y Nathalie de Vries formaron en el año 1993 su propio estudio, uniendo sus experiencias previas en otras oficinas como OMA, Mecanoo y Van Berkel & Bos (UNStudio). Formados en la TU Delft, tras su graduación pasaron directamente a trabajar en estos estudios con algunos de sus antiguos profesores de universidad, algo que definen como una transición natural y coherente que dio continuidad a su formación. Herederos de la tradición holandesa más pragmática y, al mismo tiempo, de las corrientes críticas vigentes en aquellos tiempos y encabezadas por Rem Koolhaas, los tres comenzaron a colaborar a principios de los años 1990 con una actitud inquieta e innovadora. Su primer proyecto como equipo, Berlin Voids, resultó ganador del concurso Europan 2 de 1991 y abrió ya algunas de las vías de investigación en las que profundizarían a partir de la creación del estudio. «Como todo el mundo, empezamos con un Europan», nos comentaría Nathalie de Vries recordando sus inicios.

En los Países Bajos, los años 1990 fueron sin duda un buen momento para comenzar una trayectoria profesional. Tras el estancamiento económico de la década de 1980, el nuevo Gobierno del país introdujo medidas para liberalizar servicios dependientes de la Administración; el llamado programa Vinex de 1988 fue una ellas. Hoja de ruta para el desarrollo urbano holandés desde entonces, el plan Vinex propuso la liberalización del suelo para promover su desarrollo estratégico mediante asociaciones público-privadas. Esto implicaba, además, un interés por parte del propio Gobierno en promover la investigación y la arquitectura de su país para mejorar la posición y el peso económico de su espacio geográfico en el entorno internacional. De esta forma, Holanda se estableció como el escenario perfecto para los jóvenes arquitectos que, como MVRDV, comenzaron a trabajar en esta época con una mirada positiva y renovadora. A consolidar la influencia internacional de la joven

arquitectura neerlandesa contribuyó también el libro *SuperDutch: New Architecture in the Netherlands,* de Bart Lootsma, que dio carta de patente a esta generación nueva, caracterizada por la experimentación funcional y formal.

MVRDV desarrolla durante su primera década una producción extraordinaria donde destacan obras como la Villa VPRO, la residencia WoZoCo o el pabellón de la Expo 2000, y una no menos importante producción teórica al calor de textos como *S, M, L, XL* (1995), de Rem Koolhaas. Frente a la aproximación escalar y paranoico-crítica de este, los jóvenes de MVRDV examinaban las posibilidades y limitaciones de la máxima densidad con la publicación de *Farmax: Excursions on Density,* en 1998, un libro al que seguirían *Metacity Datatown* (1999), *Costa Ibérica: Upbeat to the Leisure City* (2000) y *KM3: Excursions on Capacity* (2005). Además de las publicaciones, MVRDV empleaba diversas herramientas para ampliar el campo de debate de las cuestiones de la ciudad contemporánea, como proyectos propositivos (Pig City, Container City), o *softwares* especializados con los que 'jugar' a combinar datos y factores (Functionmixer, Regionmaker o Housemaker). Práctica e investigación están íntimamente ligadas y son una constante en la evolución del trabajo del estudio.

Laura F. Suárez (LFS): Todos trabajasteis en varios estudios antes de fundar MVRDV: con OMA, Mecanoo o Van Berkel, y también con los catalanes Martínez Lapeña & Torres. ¿Cómo han influido estos precedentes en vuestro trabajo?

Nathalie De Vries (NDV): Creo que tenemos algunas características que provienen de la universidad de Delft, como la metodología y el enfoque analítico. Provenimos de esta cultura y es algo que se manifiesta en el uso de diagramas o de mapas de datos, por ejemplo.

Jacob van Rijs (JVR): Fuimos directamente desde la universidad al estudio de algunos de nuestros profesores en Delft; una especie de transición perfecta y natural de un ámbito a otro.

NDV: Y en Barcelona, las prácticas que hicimos Jacob y yo con Martínez Lapeña & Torres nos dieron una visión mucho más intuitiva de la arquitectura, en comparación con lo que estábamos haciendo en Delft por entonces: funcionó como un contrapunto en nuestra formación. Partiendo de todas estas experiencias, fundar nuestro estudio fue sencillo. Mientras trabajábamos en Mecanoo, en la oficina había poca gente distribuida en equipos separados, de manera que muchos jefes de equipo acabaron

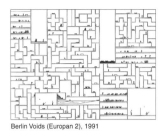

Berlin Voids (Europan 2), 1991

Con su libertad formal y su carácter ilusorio, los primeros proyectos de MVRDV, como Berlin Voids, la Villa VPRO o el pabellón de los Países Bajos para la Expo 2000, sentaron las bases de su fértil carrera posterior.

With their formal freedom and illusory nature, the early projects of MVRDV, including Berlin Voids, Villa VPRO, and the Netherlands pavilion at Expo 2000, laid the foundations for its subsequent career.

THE VISIONARY *and illusionist work of MVRDV is overwhelming in its prolific variety. The Dutch company has gone from three founding members whose last names give it its name – Winy Maas, Jacob van Rijs, and Nathalie de Vries – to an international infrastructure of over 150 people, with five additional partners and a branch in China besides the main offices in Rotterdam. The result is a vast output which may strike the outsider as frenzied or unfathomable. Almost every week sees the announcement of a competition won by the team, or the start of construction work of some project.*

Winy Maas, Jacob van Rijs, and Nathalie de Vries set up practice in 1993, bringing together their previous experiences in firms like OMA, Mecanoo, and Van Berkel & Bos (UNStudio). Soon upon graduating from TU Delft they worked in these studios with some of their university professors, something they regard as a natural and coherent transition that gave continuity to their training. Inheritors of the most pragmatic side of Dutch tradition, and also of the critical currents prevalent during that period with Rem Koolhaas at the helm, the trio began to work together in the early 1990s with an attitude of restlessness and innovation that was quick to gain a following. Their first project, Berlin Voids, won the Europan 2 competition of 1991 and opened up some of the channels of research they would delve into once they had set up shop. "Like everybody, we started with a Europan," says Nathalie de Vries in reminiscing on their beginnings.

In the Netherlands, the 1990s were definitely a good moment to start a professional career. After the economic paralysis of the 1980s, the new government of the Netherlands introduced measures to liberalize services dependent on the administration; the so-called Vinex program of 1988 was one of them. A roadmap for Dutch urban development since then, the Vinex plan proposed that land be liberalized to encourage strategic development through public-private associations. Moreover, this involved an interest, on the part of the government itself, in promoting the country's research and architecture for the purpose of strengthening the economic position and weight of its geographic space in the international scene. The Netherlands thus established itself as the perfect place for young architects who, like the members of MVRDV, began to operate in this period with an upbeat mood of renewal. Also instrumental in consolidating the world clout of Dutch new architecture was Bart Lootsma's book SuperDutch: New Architecture in the Netherlands, *which gave letters patent to this young generation characterized by functional and formal experimentation.*

MVRDV filled its first decade with an extraordinary production punctuated by buildings like Villa VPRO, the WoZoCo residences or the Dutch pavilion for Expo 2000, and a no less important theoretical production coming in the wake of texts like Rem Koolhaas's S, M, L, XL *(1995). Contrary to the latter's scalar and paranoiac critical approach, the young members of MVRDV examined the possibilities and limitations of maximum density with the publication of* Farmax: Excursions on Density *(1998), a book which was followed by* Metacity Datatown *(1999),* Costa Ibérica: Upbeat to the Leisure City *(2000), and* KM3: Excursions on Capacity *(2005). Publications aside, MVRDV used different tools to widen the field of debate on issues concerning the contemporary city, including propositive projects (Pig City, Container City) and specialized softwares with which to 'play' at combining data and factors (Functionmixer, Regionmaker, Housemaker). Practice and research are tightly connected to one another, and are a constant in the evolution of the work of MVRDV.*

Laura F. Suárez (LFS): *You all worked in other offices before founding MVRDV: with OMA, Me-canoo, Van Berkel, and Martínez Lapeña & Torres. How did this background influence your work?*

Nathalie De Vries (NDV): *I think there are several things we got from Delft university, such as the methodological and analytical approach. We came from this culture and it influenced our design methods: use of diagrams, for example, or data scaping.*

Jacob van Rijs (JVR): *We went straight from university to working with some of our teachers in Delft, so it was a kind of seamless and natural transition from school to the office.*

NDV: *And in Barcelona, Jacob and I did an internship with Martínez Lapeña & Torres. The work there was much more intuitive than what we had been doing in Delft, so it was a counterbalance in our training. At this point, starting up an office together was simple. At Mecanoo, a lot of the project leaders each ended up starting their own practice. But it was the 1990s, obviously, when there were more opportunities. It was a good time.*

LFS: *How has your practice evolved?*

Winy Maas (WM): *Somehow I think our evolution can be characterized through the works and through the books; both can explain the points of deepening. And I use the word 'deepening' because it almost follows a narrative, going from the obser-*

Villa VPRO, Hilversum (Netherlands), 1994-1997

En obras como los WoZoCo Apartaments o la Silodam Housing, los apilamientos, las mezclas tipológicas y las transgresiones geométricas dotan a la densidad urbana de un sesgo vanguardista.

In works like the WoZoCo Apartments and the Silodam Housing, urban density is given an avant-garde twist by means of the stacking of elements, the mixing of typologies, and geometric transgression.

Silodam Housing, Amsterdam (Netherlands), 1995-2003

fundando su propio estudio. Pero fue en los años 1990, obviamente, cuando había más oportunidades. Era un buen momento.

LFS: ¿Cómo ha evolucionado MVRDV desde sus comienzos?

Winy Maas (WM): En cierto sentido, creo que nuestra evolución puede caracterizarse tanto por las obras como por los libros, por cuanto ambos pueden explicar ciertos 'puntos de profundización'. Y uso la palabra 'profundización' porque seguimos casi la estructura de una narración, que va de la observación de la 'estática' —no me refiero a la estática de las estructuras sino a algo así como el ruido del mundo— a los mapas de datos; después trabaja sobre las potencialidades, en su optimización a través de *softwares,* y finalmente va más allá, proyectándose al mundo del futuro. Todo esto forma una especie de secuencia lógica que hemos ido explorando con los años.

LFS: Hemos titulado esta monografía 'Dream Works' porque creemos que es una manera evocadora de describir vuestro trabajo —que es muy diverso— en el sentido de que la investigación y el enfoque teórico conducen a los resultados finales. ¿Creéis que es un buen modo de resumir vuestra trayectoria?

JVR: Lo es. Se podría decir que cada proyecto es una especie de sueño, que responde siempre a algo práctico, pero es también poético. A todos nos gustó el título 'Dream Works'. Resulta curioso que esto venga de España, porque los españoles fueron los primeros en interesarse en nuestro trabajo fuera de Holanda, y está bien tener otra perspectiva desde España en una publicación de amplio espectro. Nuestro trabajo no muestra en realidad un perfil

WoZoCo Apartments, Amsterdam (Netherlands), 1994-1997

claro, así que el título es bueno en la medida en que es a la vez muy sencillo y muy diverso.

WM: Me gusta que se describa nuestro trabajo como diverso. Por supuesto, la diversidad es con lo que tienes que tratar cuando tienes una oficina como la nuestra, con una presencia muy marcada, y tenemos que esmerarnos en cada situación, fusionar todos los puntos de vista. Es así como conseguimos distinguirnos.

LFS: Si creéis que vuestra oficina no tiene un perfil claro, ¿cómo os describiríais?

NDV: Bueno, creo que nuestro enfoque investigador trata de reinventar y desarrollar soluciones más allá de lo convencional, siempre en conexión con la manera en que los edificios se disponen en la ciudad y cómo la activan, con los modos para combinar lo público y lo privado, y vinculándolo todo con aspectos imprevistos. De esta manera, nuestros edificios, incluso los más pequeños, se conciben para cambiar la ciudad. Así que confieso que nuestra actitud es investigar cada aspecto de cada proyecto, de dentro afuera. Es una manera de defender que los proyectos siempre intentan dar más.

JVR: Creo que no necesitamos una identidad como tal. Nuestro trabajo es, efectivamente, muy diverso; dependiendo de cada situación, elegimos cierto enfoque que puede conducir a productos realmente diferentes entre sí. Una vez fuimos a dar una conferencia en Estados Unidos y el estudiante que había diseñado el cartel del evento representó a dos robots luchando. Los robots, o 'Archibots', estaban hechos de proyectos, y el de MVRDV luchaba contra el Archibot de Calatrava. Era un poster interesante porque en cierto sentido somos opuestos: Calatrava tiene un estilo muy reconocible y todos sus proyectos utilizan el mismo lenguaje, mientras que nosotros somos 'anti-Calatrava'.

NDV: Siempre nos gusta añadir diversidad. Trabajar en el planeamiento urbanístico es también otra manera de evitar el estilo, porque en la escala urbana no puedes controlar el aspecto de los edificios, así que lo que haces es organizar marcos donde pueden suceder muchas cosas. Nuestro plan para Oosterwold es un buen ejemplo de todo esto. Establecemos un método para el proyecto, que es muy estricto y claro, como si fuesen las reglas de un juego. Pero las reglas se definen de tal modo, que todo el mundo tiene mucha libertad para usarlas. Los elementos arquitectónicos y urbanos están definidos desde el punto de vista del espacio, pero resultan indefinidos en cuanto a los usos. Así que aquí combinamos el diseño urbano a gran escala con las pequeñas cosas, como los detalles: una combi-

nación de extremos, lo que podríamos llamar una 'formalidad informal' o una 'informalidad formal'.

LFS: ¿Y cómo está organizado vuestro estudio para dar respuesta simultánea a tantos proyectos de tantas escalas?

WM: Hay dos cosas importantes. Una es la organización y la otra es la horizontalidad. Debido al tamaño de la oficina, necesitamos tener concentraciones geográficas, por decirlo así, que hagan más fácil el trabajo. Pero, por otro lado, se necesitan elementos horizontales, como gente que esté mucho más especializada en lenguaje informático o en presentaciones, por ejemplo. Estos trabajan como si fuesen bandas horizontales que se cruzan unas con otras. También la otra parte, la de los arquitectos y diseñadores, puede cruzar diferentes fronteras.

Densidad y pieles
LFS: En el contexto de una Holanda crecientemente hiperurbanizada, resulta comprensible que uno de los temas principales que vuestro estudio ha tratado desde sus inicios sea la densidad. Los volúmenes en voladizo de la residencia WoZoCo o la compacidad del Silodam son algunas de las obras que muestran soluciones a uno de los problemas fundamentales del mundo contemporáneo, algo en lo que ahora profundizáis con proyectos en Asia que buscan mantener la riqueza tipológica con la máxima densidad. ¿Por qué comenzasteis a trabajar con la densidad y sus posibilidades?

WM: Fue una historia de amor. Sentíamos una gran necesidad de trabajar con ello, de crear herramientas con el objetivo de no urbanizarlo todo. La segunda razón es que, automáticamente, cuando te pones a estudiar la densidad necesariamente tienes que negociar con diferentes agentes en cada operación, y esto implica comunicación: se produce una secuencia que acaba traduciéndose en arquitectura. La arquitectura se convierte entonces en una herramienta. Si puedes utilizar la arquitectura como una herramienta para el desarrollo urbano, entonces puedes combinar la pequeña escala con la grande.

NDV: Con el matiz de que usamos la partícula 'des-' antes de 'densificación'. En el mundo de las compañías inmobiliarias la densificación se asocia siempre con la gran altura. Nuestro trabajo tiene que ver mucho más con cómo la gente quiere vivir, aunque por supuesto tengamos que trabajar con la densidad en muchas partes del mundo, fundamentalmente en las ciudades de rápido desarrollo, y siempre se produce el debate en torno a qué usos tienes que combinar y de qué manera para hacer las cosas más híbridas. Hoy hay muchos estudios

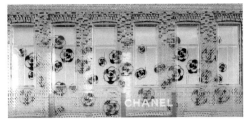

Crystal Houses, Amsterdam (Netherlands), 2016

Edificios como las Crystal Houses y la Book Mountain ejemplifican una exploración formal y material de la envolvente cuyo propósito va más allá de la mera retórica: generar efectos en contextos diferentes.

Buildings like the Crystal Houses and Book Mountain exemplify a formal and material exploration of envelopes that seeks to go beyond mere rhetoric and generate effects in different contexts.

vation of statics – I don't mean structural statics but something like the noise of the world – to data scape, then on to working on capacities, optimizations on the software, and going further into enterprises of the future world. There is a kind of logical sequence that we have been exploring in our studio.

LFS: We have chosen the title 'Dream Works' for this monograph because we think it's an evocative way to describe your work, which is very diverse, in the sense that research and the theoretical approach lead to the final designs. Do you think this is a good way to sum up your career?

JVR: Well, in fact it is. One could say that each project is a kind of dream. There is always a practical side to it, but it's also poetic. We all liked that title 'Dream Works'. It's also interesting that this comes from Spain, because it was in Spain that we first got attention abroad, and it's fine to have another Spanish perspective, in a publication intended for a wider spectrum. Our work doesn't really have one profile, so the title is good in that it's straightforward and at the same time very diverse.

WM: I like that our career is considered as diverse. Of course that is what you deal with when you have an office like ours, with a very clear presence, and we have to apply ourselves in every situation to merging all points of view. That is how we achieve differentiation.

LFS: If you think your office doesn't have a clear profile, how do you describe yourselves?

NDV: Well, I think our investigative approach tries to reinvent and develop solutions apart from the standards, always in connection with how the projects land in the city and activate it, how they can combine public and private, always linked to unusual aspects. In this way our buildings, even the smallest ones, are intended to change the city. So I guess our attitude is to investigate every side of each project, inside out. It is a way to be able to claim that our projects try to provide more.

JVR: I think we don't need a real identity. Our work is very diverse, and depending on the situation, we choose a certain approach that can lead to a greatly diverse outcome. Once we went to lecture in America and the student who designed the poster for the event depicted two 'robots' fighting, or 'Archibots', that were built out of architectural projects. Ours was fighting against Calatrava's Archibot. It was a nice poster because in a way, we are the opposite of Calatrava, who has a very recognizable style. In this sense we are anti-Calatrava.

NDV: We always like to add diversity. Working on urban planning is another way to escape from style. In an urban scale you are not always in control of the last architectural pieces in the plan, so you organize frameworks in which many things can happen. Our plan for Oosterwold is an example. We set a methodology for the project that is very strict and clear, like a set of rules of the game. But the rules are made in such a way that everybody has a lot of freedom. The architectural and urban elements are defined spatially, but are undefined in terms of uses. So here we combine a really large scale with very tiny stuff, such as details. It is a combination of those extremes, a 'formal informality' or an 'informal formality.'

LFS: And how do you structure the office so that you can attend to so many projects and scales?

WM: There are two important things. One is the organization and the second is horizontality. Because of the size of the office, it needs to have geographic concentrations. That makes it easier to work. On the other hand we need to have horizontal elements, such as people who are much more specialized in scripting or in visualizations, for example. They work as horizontal bands that intercross. The other part, that of architects and designers, can cross borders too.

Density and Skins

LFS: In the context of a growing and hyperurbanized Holland, it's understandable that one of the main themes addressed by your practice from the start has been density. The cantilevered volumes of the WoZoCo housing complex and the compactness of Silodam are just two examples of solutions to one of the major problems of the contemporary world; and you are currently going deeper into this with projects in Asia that seek to reconcile typological richness with maximum density. Why did you start to work on density and its potentials?

WM: It was a love affair. We felt a very strong need to work on density, to create ways of not urbanizing everything. And the second reason is that, automatically, when you set out to study density, you deal and negotiate with different agents in every operation, and this involves communication: there is a sequence that translates into architecture. Architecture then becomes a tool. If you can use architecture as a tool for urban development, then you can combine small scale with large scale.

NDV: With the nuance of using the prefix 'de-' before 'densification.' In a world full of project developers, densification is always associated with high-rise. Our work here is a lot more about how people want to live, but of course we have to deal with density in many parts of the world, mostly in the fast-growing cities, and there is always a debate on what functions you can combine to make things more hybrid, and how. There a lot of studies now on hybrids, undertaken so that we know how to implement new functions in buildings, such as those related to energy or the green.

LFS: Your interest in density coexists, in other projects, with exploration of envelopes to create different impressions. We can refer to them as 'illusory walls' because the skin is used as a tool that can create a sort of 'illusion' on people. The Glass Farm, for example, can be understood in such a way, to the extent that its skin of glass reproduces, amplified, a traditional farmhouse, filling the urban and 'emotional' void left by World War II bombings.

WM: Yes, the Glass Farm is indeed a ghost, very

Book Mountain, Spijkenisse (Netherlands), 2003-2012

En el Ático Didden Village o en su propio estudio de Rotterdam, MVRDV recurre al color como un modo económico y sencillo de ornamentar, que reacciona frente al minimalismo seco de la modernidad canónica.

For the Didden Village Attic or MVRDV's offices in Rotterdam, the firm uses color as an economical and simple way of decorating, a reaction against the dull minimalism of canonical modernity.

Didden Village Attic, Rotterdam (Netherlands), 2002-2006

MVRDV Offices, Rotterdam (Netherlands), 2016

sobre lo híbrido, para saber cómo introducir nuevas funciones en los edificios, como las relacionadas con la energía y lo verde.

LFS: Vuestro interés por la densidad convive, en otros proyectos, con la exploración de las envolventes para generar diferentes efectos. Podríamos referirnos a ellas como 'muros ilusorios' en el sentido de que la piel es una herramienta que crea cierta 'ilusión' en la gente. La Glass Farm, por ejemplo, puede entenderse de este modo, en la medida en que su piel de vidrio reproduce, a mayor tamaño, una granja tradicional para llenar el vacío urbano y 'emocional' dejado por los bombardeos de la II Guerra Mundial.

VM: Sí, la Glass Farm es de hecho un fantasma. Tiene muy poco espesor; es muy efímera y funciona con las emociones producidas por la nostalgia. Es casi como una vieja postal, o esas viejas fotos de nuestras abuelas. Esto es lo que el edificio intenta decir; es bastante existencial. Lo que me gusta de esta obra es que toca la fibra sensible de los habitantes, que por ello lo han aceptado de una manera mucho más rápida, quizá también porque es fácil recurrir a las imágenes del pasado. Pero los habitantes entienden que no se trata de la copia de un edificio, sino de una fotografía. De ahí su falta de espesor y que resulte tan ilusoria porque no es real.

LFS: ¿Y creéis que funciona bien en su contexto?

WM: Sí. Cuando miro atrás, pienso que fue la mejor respuesta a aquel lugar, una especie de edificio comercial en un espacio público, que da cuenta de todos los aspectos del enclave: un pueblo relativamente pobre, sin presencia internacional y con un paisaje muy bonito, pero que creció demasiado rápido. A esto debe añadirse que el pueblo fue bom-

bardeado por los americanos durante la guerra, así que es uno de los pocos del entorno que no tiene centro histórico, lo que lo convierte en una especie de 'patito feo'. Se trataba, por decirlo así, de un lugar con 'síndrome de Calimero', y la Glass Farm lo simboliza porque reúne toda la información del pasado, le da una vuelta y la muestra al mundo. También en un sentido bastante ecológico, porque esta fotografía de la fachada es capaz de mitigar el impacto del sol.

LFS: Esta es la manera en que usamos la palabra 'ilusión', porque va más allá de lo simplemente físico.

WM: Es cierto, pero no debe aplicarse sólo a la envolvente, porque a veces puede ser un interior. La envolvente puede percibirse con facilidad como un exterior, pero en la Glass Farm el interior es tan importante como el exterior: incluso en los aseos estás rodeado de la granja y de su imagen.

LFS: El Markthal en Rotterdam puede describirse de un modo semejante, y en este caso el interior es de hecho lo que produce el efecto en los habitantes. Se trata de la misma atracción, pero que aquí no se sostiene en lo sentimental.

WM: Sí, en este caso el efecto es muy pop. Pero creo que en el Markthal no sólo ayuda la imagen, sino también las ventanas. El efecto que se produce cuando estás dentro y miras la casa de arriba y puedes ver que alguien va al baño o que los niños están jugando sobre el suelo vidriado es de algún modo lo que hace que la experiencia sea tan agradable porque te sientes como si fueras parte de la familia. Esto es lo que debería ser una plaza; algo cercano. ¿Podemos llamar a esto 'ilusión' o es la realidad?

LFS: Es la realidad, por supuesto. Mi punto de

vista es que lo que percibimos como una ilusión es real, y que esto produce un efecto en la gente y puede hacer a los usuarios más conscientes del sentido de la arquitectura. Se trata de algo que, por desgracia, no es muy común.

WM: Me gusta esta interpretación que haces sobre la conciencia, y me hace feliz que pueda considerarse una cualidad. Si podemos hacer que la gente sea consciente de la arquitectura y sus elementos, entonces, de verdad, estaremos consiguiendo algo. La tarea es dura, pero es una de las que debemos asumir. Muchos arquitectos dicen que la arquitectura debe aparecer casi como si fuera naturaleza, como si no existiese, pero cuándo hay que ser invisible es un tema abierto…

LFS: ¿Cuándo hay que ser invisible, entonces?

WM: Bueno, si siempre lo fuéramos, la vida resultaría más cómoda porque no nos agredirían las imágenes. Pero hoy, cuando las imágenes nos atacan continuamente, además de las webs y la información, la arquitectura puede contribuir a hacernos conscientes de ello. La conciencia es una parte muy importante; quizá es lo opuesto a lo ilusorio.

Colores lúdicos

LFS: Habéis afirmado que vuestra obra no tiene un perfil claro, que sois alérgicos al estilo, pero quizá el modo desinhibido en el que usáis el color en vuestros edificios puede considerarse una característica de vuestro trabajo.

NDV: El color es nuestro ornamento. También porque nuestra oficina dio sus primeros pasos en una época en la que todo tenía que ser de acero o vidrio, y con pequeños toques de hormigón (lo mismo que ocurre hoy con el ladrillo). Creo que en realidad nos hartamos de eso. Y también de la idea de que la arquitectura tiene primariamente que ver con el espacio, el volumen y ese tipo de cosas; así que nuestra apuesta por el color fue un poco una revuelta contra el absolutismo del fetiche del detalle arquitectónico.

WM: Amamos la diversidad; pensamos que el mundo es un lugar mucho mejor si es diverso, y esto tiene un sentido filosófico por cuanto que, si no hay un solo modo de pensar, y no hay una única verdad, ¿por qué no explorar toda la riqueza de voces, de opiniones, de bellezas? Y el color es una de ellas. Hay arquitectos que lo hacen todo blanco: se centran en el espacio. Nosotros no. Por supuesto, está también la cuestión de cuándo aplicar el color. A veces, lo relacionamos con los tipos de vivienda, como en el proyecto que ahora estamos haciendo en Suiza. Hay bastante lógica en los matices cromáticos. La nueva sede de nuestro estudio tiene colores diferentes para

Balancing Barn, Suffolk (United Kingdom), 2007-2010

Lo lúdico, entendido como un concepto amplio que se expresa en la conexión de lo público con lo privado, la mezcla de programas o la generación de efectos, está presente en proyectos como la casa Balancing Barn o The Stairs.

Leisure, understood as a broad concept that is expressed in the connection between public and private, the mixing of programs, or the creation of effects, is present in projects as Balancing Barn or The Stairs.

thin and very ephemeral. And it works on the emotions of nostalgia. It is almost like an old postcard or an old photo of my grandmother. That is what this building tries to say, it is quite existential. What I like about the building is that it touches the emotions of the inhabitants, and they have accepted it much faster – maybe because it's easy to conjure up images of the past. But they also understand that this is not a copy of a building, but a photograph. That is what makes it very thin, illusory in a way because it is not real.

LFS: *And does it work well in its context?*

WM: Yes. When I look back, I think it was ultimately the best answer for this place, a kind of commercial building in a public space which takes all aspects of that exact space into consideration: a town that's relatively poor, unknown on the planet and with a very nice landscape, but which grew too fast. Add to this the fact that the village was bombarded by the Americans during the war, so it's the only one in the area that didn't have a historical center and therefore was a sort of 'ugly duckling.' The place had this kind of Calimero feeling, and the Glass Farm symbolizes it because it contains all the information from the past, gives it a twist, and shows it to the world. In quite an ecological way, too, because this photograph of the facade is able to nuance the impact of the sun.

LFS: *This is the way we use the word 'illusion,' as it goes beyond the merely physical.*

WM: That is true, but it doesn't apply only to the envelope. It can be an interior. The envelope can be easily conceived as the outside, but in the Glass Farm the interior is as important as the exterior; even in the bathrooms you are surrounded by the farm and its image.

LFS: *The Markthal in Rotterdam can be described in a similar way, and in this case it is indeed an interior that makes an impression over the inhabitants. It is the same appeal, but here does not work in a sentimental way.*

WM: Yes, in this case the effect is very pop. But I think that in the Markthal, it's not only the image that helps, but also the windows. When you are inside the house and you look at the house above you and see someone going into the bathroom or kids playing on a glass floor, the effect is one that makes the experience very pleasant because you feel part of a family. That's how a plaza should feel, like something familiar, not distant. Can we call this an 'illusion'? Or is it reality?

LFS: *It is reality, of course. My point is that what seems like an illusion is certainly real, and*

that it has an effect on people and can serve to make users more aware of architecture. Unfortunately, it's not very common.

WM: I like this interpretation of awareness that you make, and am glad this can be seen as a quality. If we can make people aware of architecture and its elements, then yes, we are really getting somewhere. It's a tough task, but one of the tasks to be done. Many architects might say that architecture should look almost like nature, as if it weren't there, but when to be invisible is another question.

LFS: *And when is that?*

WM: Well, if we were always invisible, life would be more comfortable because we wouldn't be invaded by images. But nowadays we are constantly under attack by images as well as webs and information, and architecture should help make us aware of it. Awareness is a very important part, it may be the opposite of the illusory.

Leisure Colors

LFS: *You've stated that your work has no clear profile, that you're allergic to style, but maybe the free and easy way you use color in your buildings can be considered a characteristic of your work.*

NDV: Color is our ornament. Also because we started our office at a time when everything had to

be glass or steel, with a little touch of concrete – the same way it is now with brick. I think we actually got fed up with that. And also with the idea that all architecture was about space, volume, and such things. So our color was a bit of a revolt against the absolutism of the fetish for detail.

WM: We love diversity, we think that the world is a much better place if it is diverse, and this has a very philosophical component because if there is not just one line of thinking, if there is not just one truth, why not explore the full breadth of voices, opinions, and beauties? And color is a part of that. There are architects that do everything in white. Okay, they concentrate on space. We don't. And of course, there is the question of when to apply color. Sometimes it's connected to typologies of housing, like the project we are now doing in Switzerland. There is quite a lot of logic in the shades of color. Our new office has different colors in different rooms, and we know that the workshop painted orange produces a very different effect from that painted dark blue.

LFS: *Have you experimented on that?*

WM: No, but that's what happens. It's common to think that colors must be avoided because they run out of fashion. That is why architects prefer gray or white, neutral colors. But in a good Mon-

The Stairs, Rotterdam (Netherlands), 2016 (temporary)

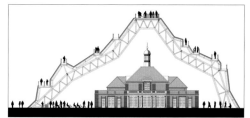

Project for the Serpentine Pavilion, London (United Kingdom), 2004 (not built)

La exploración ecológica se plasma en obras que reinterpretan la tradición paisajista, como el plan urbano para Floriade, o que retan nuestros prejuicios sobre 'lo natural', como el proyecto para el Pabellón de la Serpentine.

The firm's ecological exploration is manifested in works that reinterpret landscaping tradition, such as the urban plan for Floriade, or challenge our prejudices about 'natural,' like the Serpentine Pavilion project.

Almere Floriade, Almere (Netherlands), 2012-2022

diferentes salas, y sabemos que un taller que se pinte de naranja producirá un efecto diferente que uno en azul oscuro.

LFS: ¿Lo habéis probado?

WM: Se puede decir que pasa así. Es común afirmar que hay que evitar los colores, porque pasan de moda: es la razón por la que los arquitectos prefieren el gris o el blanco, para ser muy neutrales. Pero en una buena pintura de Mondrian los colores perduran a lo largo del tiempo; viven con ella. Vivir con un color puede ser sostenible.

LFS: La cuestión del color sugiere también la dimensión lúdica inherente a vuestro trabajo. Resulta significativo, en este sentido, que muchos de vuestros proyectos aportan una experiencia de entretenimiento a través de la propia arquitectura. La mezcla de programas o la interacción de lo público y lo privado son parámetros que empleáis para hacer de la arquitectura un reclamo que la convierta en un lugar de ocio, algo que el diseño puede aportar de manera complementaria al uso principal de los edificios. Así, la forma del Museo del Cómic de China o la disposición del Balancing Barn consiguen, desde su propio diseño, enriquecer la experiencia de una visita cultural o de habitar una casa-granero en el campo inglés. La dimensión lúdica es un extra que cada vez está mereciendo mayor atención.

JVR: Bueno, lo lúdico es un aspecto que hay que tener en cuenta. Como arquitectos, debemos intentar ser como inventores de ocio; intentar hacer las cosas más interesantes a través del diseño y el programa.

NDV: Hay muchos libros sobre arquitectura en los que esta se convierte en el argumento para visitar la ciudad. Los edificios atraen a la gente.

JVR: Pero en este fenómeno de que los edificios vuelvan a ser reclamos para la gente hay muchos factores. Hemos construido The Stairs en Rotterdam, que conecta la plaza con una cubierta, y se ha entendido casi exclusivamente como un juego o una atracción, aunque la dimensión lúdica es sólo uno de sus aspectos; pero esto también nos parece bien.

De la sostenibilidad a la utopía

LFS: Aunque no os consideréis 'arquitectos verdes', lo ecológico define muchos de vuestros trabajos. Tal vez influidas por la visión pragmática del paisaje que define vuestro país, algunas de vuestras obras, como la sede de NTR o el pabellón de Holanda en la Expo 2000, son paisajes construidos que parten de la confianza en la tecnología para superar los límites tradicionales entre naturaleza y artificio. El concepto de 'arquitectura verde' tiene su origen en los ideales del jardín de la Inglaterra del siglo XVIII, pero ha evolucionado sobremanera y hoy tiene que ver con la técnica, la gestión de los recursos y la tendencia a recuperar y reinterpretar los sistemas constructivos tradicionales. ¿Cómo definiríais 'lo verde' o la 'arquitectura ecológica'?

JVR: El concepto se ha extendido desde lo 'verde', es decir, algo que realmente es verde, hasta la eficiencia energética. El edificio en el que estamos ahora (nuestra oficina) es muy eficiente, de un modo tecnológico, pero no tiene aspecto de 'verde'. Hoy un edificio puede ser 'verde' de muchas maneras; tiene que integrar y mezclar una gran cantidad de conceptos. Es un término complicado.

LFS: Conforme las ciudades aumentan su población y crece el proceso de urbanización, ¿no creéis que lo 'verde' podría convertirse en algo deseable para la mayor parte de la gente?

NDV: Hay muchos planes para hacer de los edificios paisajes o al revés; es algo a la orden del día. Pero no se trata de mantener la dicotomía —un edificio o un paisaje—, sino de que nos acostumbremos cada vez más a mezclar y disolver los límites. Y esto resulta interesante: abandonar la idea de los opuestos.

JVR: Deberíamos asegurar que en la arquitectura se diese un buen equilibrio entre los edificios, lo verde, el consumo energético, etcétera, y desarrollarlo en diferentes lugares y densidades. Pienso que, al final, podremos resolver este problema cuando la técnica se vuelva más eficiente. Cuando empecemos a generar tanta energía que no tengamos que preocuparnos de cómo almacenarla. Por ejemplo, en un día ventoso, los precios de la electricidad en Dinamarca son negativos, así que realmente ganas dinero cuando enciendes la luz.

LFS: La utopía es una herramienta que habéis sabido emplear bien para plantear las cuestiones de la ciudad del futuro. Proyectos como Pig City, Container City o The Next Hutong llevan al extremo situaciones actuales y proponen soluciones drásticas que seguramente podrían hacerse realidad. La descontextualización y la radicalidad empleadas en estos proyectos los convierten en ejercicios de reflexión sobre los problemas contemporáneos. ¿Cómo preveis que van a ser las ciudades del futuro?

NDV: Creo que el debate ahora está en las diferencias entre lo público y lo privado. Se están produciendo muchas presiones, con clientes privados que intentan comercializarlo todo. Así que sería bueno ver cómo es la siguiente página en la normativa de nuestras ciudades, me refiero en sentido político: cómo organizar el espacio, cómo distribuirlo, a quién le pertenece y quién se encarga de él... Todos lo estudios que hemos hecho sobre esto se centran en los extremos, proponiendo muchos '¿Y si?', muchas hipótesis que prevén diferentes escenarios.

JVR: Es bonito pensar sobre ello y ver cómo pueden cambiar las ciudades, cómo podemos pensar en los próximos pasos que debemos dar. Las ciudades no son entidades fijas; su evolución puede seguir diferentes caminos, y esto se está convirtiendo, obviamente, en el centro de atención.

NDV: ¿Hasta qué punto, en cuanto arquitectos, nos concierne esta cuestión tan importante? Y si no nos concierne, ¿por qué ocurre esto? En este sentido, nuestro proyecto es ver si, de algún modo, los arquitectos pueden ayudar a visualizar cómo podría ser el futuro. Las utopías y las distopías pueden contribuir a señalar caminos y a pensar de antemano cómo afrontar los retos.

Proyectos como China Hills o Costa Ibérica llevan al extremo situaciones ya existentes y proponen soluciones drásticas, empleando la formulación de utopías como herramienta de exploración y análisis.

Projects like China Hills or Costa Ibérica bring already existing situations to an extreme and propose drastic solutions, using the formulation of utopias as a tool for the exploration and the analysis.

Project for the Iberian coast in *Costa Ibérica, Upbeat to the Leisure City*, 2000

drian painting, colors last over time, and live with it. So, living with a color can be sustainable.

LFS: *The question of color also suggests the leisure dimension inherent in your work. It's remarkable that many of your projects, through the architecture itself, offer a kind of leisure experience apart from the use they are designed for. Mix of programs and interaction between public and private are parameters you use to make the architecture an attraction and a leisure spot, something which the design can give as a complement to the actual main purpose of the buildings. For example, through their designs, the form of the Comic and Animation Museum in China and the arrangement of the Balancing Barn manage to enrich the experience of a cultural visit and the experience of inhabiting a farmhouse in the English country. The leisure dimension is an extra that is getting more and more attention.*

JVR: *Well, leisure is an aspect to take into account. As architects, we should try to be inventors of leisure, and make things more interesting through design and program.*

NDV: *There are many books about architecture becoming the new pretext for visiting cities. Buildings attract people.*

JVR: *There are many factors in this phenomenon of buildings attracting people again. In Rotterdam we built The Stairs, which connects a plaza to a roof, and it has been almost exclusively taken as a game or attraction, although leisure is only one side to it. But that is okay.*

From Sustainability to Utopia

LFS: *Although you don't consider yourselves 'green architects,' ecology lies at the core of many of your works. Influenced perhaps by the pragmatic view of landscape that characterizes the Netherlands, some of your projects, such as the NTR headquarters or the Dutch pavilion at Expo 2000, are built landscapes stemming from a confidence in technology as something with which to surpass the traditional limits between nature and artifice. The concept of 'green architecture' has its origins in the ideals of 18th-century English gardens, but it has evolved much and today it has more to do with technical approaches and management of resources, and there is a growing tendency to return to and reinterpret traditional building methods. How do you define 'green' or 'green architecture'?*

JVR: *The meaning of the concept has extended from simply 'green' – that is, something that's*

actually green – to energy-efficient. The building we are in at this very moment (our office) is highly efficient in a technical way, but it doesn't look 'green' at all. Nowadays a building can be 'green' in many different ways. It has to mix and integrate a lot of concepts. It is a tricky term.

LFS: *As cities keep growing in population and as urbanization increases, don't you think that 'green' can actually become something desirable to most people?*

NDV: *There are many plans of making buildings landscapes and vice versa. It's already happening. But it's no longer an 'or' matter (city or landscape). We are growing accustomed to mixing and blurring the limits. And that's a good thing: to do away with the dichotomy.*

JVR: *We should make sure that architecture creates a good balance between buildings, green, energy consumption, and so on, and develop it for different places and densities. I think we will eventually solve the problem, when everything becomes technically more efficient. When we start to gain so much energy we do not have to become focused on energy saving anymore. On a windy day Danish electricity prices are negative. You get money when you switch the light on.*

LFS: *Utopia is a tool that you have managed to use well in addressing issues of the city of the future. Projects like Pig City, Container City, or*

The Next Hutong bring current situations to an extreme and offer radical solutions bound to become realities. The decontextualization and radicality of these projects made them exercises in reflecting on contemporary problems. How do you envision the cities of the future?

NDV: *I would say that the discussion now lies in the differences between public and private. There are many pressures, with private clients trying to commercialize everything. So it will be good to see what the next page of city codes will be like, and I mean in a political way: how to organize space, how to distribute it, who owns it, and who's in charge of it... All the studies we have undertaken about it are centered on extremes, asking a lot of 'what ifs' and setting hypotheses of different scenarios.*

JVR: *It's nice to think about it and see how cities can change, how we can think of the next steps to take. Cities are not fixed; they can evolve in different directions. And this is obviously becoming the center of attention.*

NDV: *And how much we, as designers, are involved in this important question. And if we are not involved, why aren't we? Our project, then, is to see if we architects can somehow contribute in envisioning the future. Utopias and dystopias can help show us the way, and aid us in foreseeing how exactly to meet the challenges.*

China Hills (China), 2009

Puzles compactos

Uno de los objetivos que persiguen los proyectos residenciales de MVRDV es establecer un equilibrio entre densidad, diversidad y mezcla de usos. En este sentido, cinco de sus obras sirven para ilustrar diferentes modos de organizar el volumen construido en varias escalas y lugares del mundo. En primer lugar, el WoZoCo de Amsterdam distribuye parte de su edificabilidad en grandes voladizos que liberan el plano del suelo, mientras el Silodam, situado en la misma ciudad, encaja diferentes tipos de vivienda con la eficiencia industrial de los contenedores marítimos, buscando una compacidad que el edificio Mirador de Madrid, por su parte, traslada a la construcción en altura; y en cuanto a la escala urbana, el plan director TEDA defiende la diversidad tipológica y la ciudad tradicional dentro de la alta densidad de la urbe china de Tianjin, mientras que el edificio Le Monolithe establece un marco para la colaboración de varios arquitectos en una manzana de nueva planta de Lyon.

Compact Puzzles

One of the objectives of MVRDV's residential projects is to obtain a balance between density, diversity, and the combination of uses. In this sense, five of their works serve to illustrate different ways of organizing the building in several scales and sites around the world. In the first place, the WoZoCo of Amsterdam distributes part of its built area in large cantilevers that free up space at ground level, while the Silodam, located in the same city, fits in different housing types with the industrial efficiency of shipping containers, seeking the kind of compactness that the Mirador Building in Madrid transfers to high-rise construction. As for the larger scale, the TEDA urban plan defends typological diversity and the traditional city within the high plot ratio of the Chinese city of Tianjin, while Le Monolithe establishes a frame for the collaboration of several architects in a new city block in Lyon.

1994-1997, Amsterdam (Países Bajos *Netherlands*)

Apartamentos WoZoCo
WoZoCo Apartments

Obra Work
WoZoCo Retirement Housing
Cliente Client
Het Oosten Housing Association
Arquitectos Architects
MVRDV
Colaboradores Collaborators
Jacob van Rijs, Winy Maas and Nathalie de Vries
with Stefan Witteman, Alex Brouwer, Joost Glissenaar,
Arjan Mulder, Eline Strijkers, Willem Timmer, Jaap
van Dijk, Fokke Moerel and Joost Kok
Consultores Consultants
Bureau Bouwkunde (consultores *building advisors*);
Pieters Bouwtechniek (estructura *structure*);
DGMR (física *building physics*); Ketel RI
(instalaciones *services*); Centrum Bouwonderzoek
TNO-TU (acústica *acoustics*)
Contratista Contractor
Intervam
Superficie construida Built-up area
7500 m² (100 apartamentos *100 apartments*)
Presupuesto Budget
4.5M €
Fotos Photos
Rob't Hart (pp. 16, 18, 19, 20, 22 abajo *bottom*);
Chistian Richters (p. 17); Thijs Wolzak (p. 21);
MVRDV (22 arriba *top*); Samuel Ludwig (p. 23)

Localizado en las áreas de ciudad jardín levantadas a mitad del siglo pasado al oeste de Amsterdam, el edificio forma parte de un plan de densificación propuesto durante los años 1990 que, aplicado a esta zona, suponía una amenaza para los grandes parques y zonas verdes que la caracterizan.

El solar, destinado a albergar 100 apartamentos y servicios para personas mayores de 55 años, es muy alargado y con orientación norte-sur. Las viviendas adoptan un módulo ancho en fachada de 7,20 metros para compensar así la falta de fondo derivada de la estrechez de la parcela. Sin embargo, con este módulo, sólo 87 apartamentos podían ser alojados en el volumen de manera que se asegurase el correcto soleamiento de todas las unidades. Esto motivó que las 13 restantes se colgasen de la fachada norte, cumpliendo con la normativa y evitando ocupar más suelo. Dispuestas en voladizo y orientadas por sus laterales a este y oeste, las viviendas se abren a las vistas sobre el pólder cercano. Las variaciones en la posición de las ventanas y en los materiales y tamaño de los balcones dotan a cada apartamento de un carácter propio. Al colgar las viviendas y dejar libre el terreno inferior, el WoZoCo se ha logrado establecer como un modelo de crecimiento para estas áreas que respeta las zonas verdes históricas.

Located in *the Western Garden Cities of Amsterdam built midway through the past century, the block is part of a densification plan set forth in the 1990s. The increased density threatened the parks and open green spaces, one of the main qualities of this area.*

The block proposed contains 100 apartments and services for people over 55 years, is elongated in shape, and has a north-south orientation. The apartments adopt a wide module on facade, of 7.20 meters, to make up for the lack of depth due to the narrowness of the plot. However, only 87 apartments could fit in the volume of the block to ensure adequate sunning in all the units. This encouraged to cantilever the remaining 13 from the north facade, complying with the building codes and not taking up any more of the open spaces. Cantilevered and facing east and west, the apartments open up to the views of the nearby polder. The variations in the position of the windows and in the materials and size of the balconies give each apartment a character of its own. By cantilevering the units and freeing up space it is possible to establish a model of growth for these areas, respecting the old historical gardens.

La alta densidad planteada para la parcela, así como su orientación y dimensiones, sugirieron situar algunas de las viviendas como piezas adosadas al cuerpo principal, pero elevadas para no ocupar más terreno de los parques de la zona.

The high-density model proposed for the plot, as well as its orientation and dimensions, suggested cantilevering some of the units from the main volume, which moreover prevents taking up more of the garden spaces.

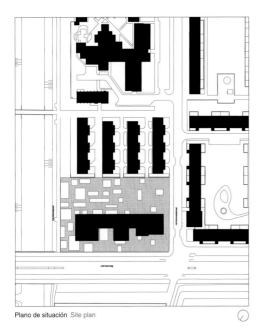

Plano de situación Site plan

estudio de soleamiento light studies

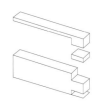

altura máxima maximun height

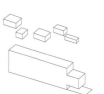

densidad restante remaining density

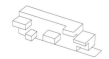

reparto de densidad density distribution

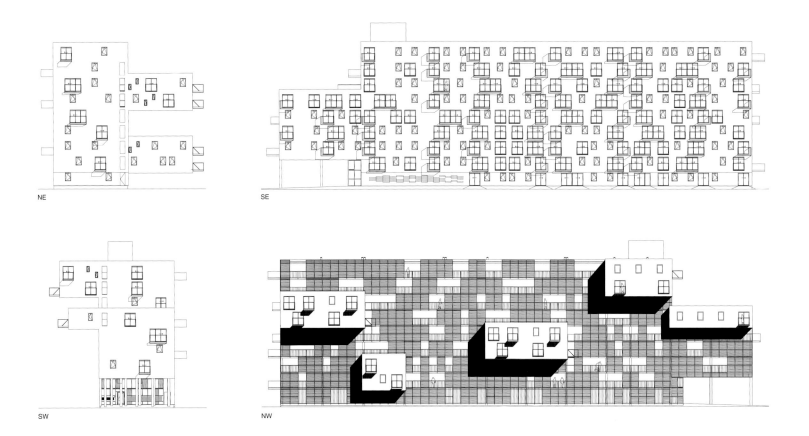

NE

SE

SW

NW

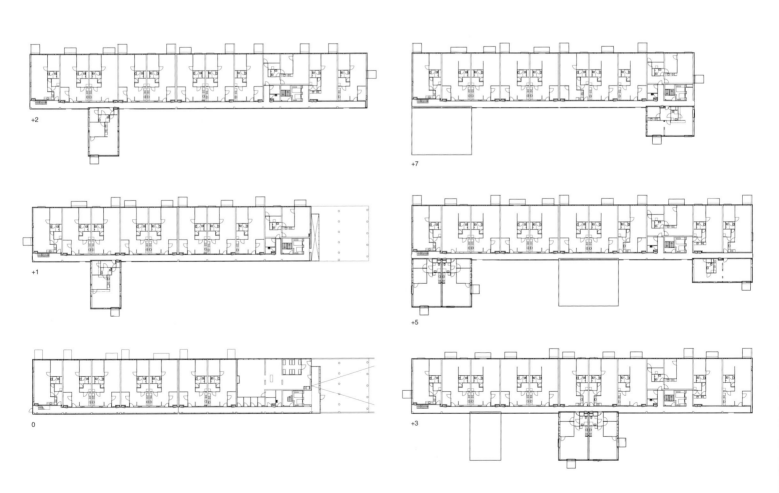

+2

+1

0

+7

+5

+3

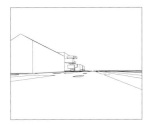 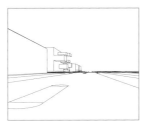 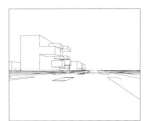
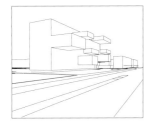 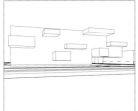 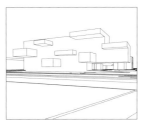
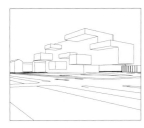  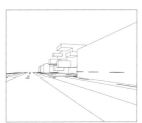

El acceso a las viviendas se produce por la fachada norte, a través de galerías parcialmente cerradas con vidrio; de este frente sobresalen las piezas en voladizo, buscando abrirse a este y oeste y a las vistas sobre el pólder cercano.

The apartments are accessed through the north facade, through galleries partially enclosed with glass. The cantilevered units jut out of this facade, opening up to the east and west and to the views of the polder.

Los cuerpos en voladizo se conectan directamente a las vigas del bloque principal; los muros de carga no precisaron ser reforzados, ya que el grosor impuesto por la normativa acústica ya era 8 cm mayor del estructuralmente necesario.

The projecting volumes are directly connected to the beams of the main block. The load-bearing walls needed no reinforcing because the thickness imposed by regulations was already 8 cm above the structurally necessary.

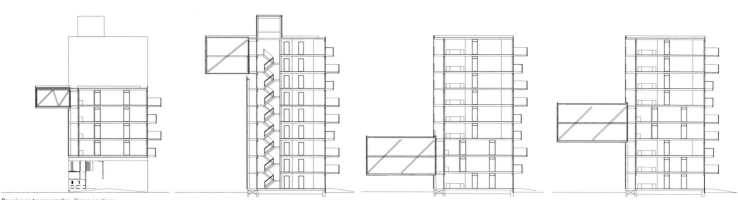

Secciones transversales Cross sections

El sobrecoste generado por los voladizos se compensó con una reducción del 7% para el resto del bloque; gracias al estricto control del presupuesto la obra tuvo el menor coste de todas las viviendas sociales de la ciudad levantadas en 1997.

The cantilevers entailed an extra cost which was compensated with a 7% reduction in the rest of the block. Thanks to the strict budget control the cost was the lowest among all the social housing projects built in the city in 1997.

1995-2003, Amsterdam (Países Bajos *Netherlands*)

Viviendas Silodam
Silodam Housing

Obra *Work*
Silodam Housing
Cliente *Client*
Rabo Vastgoed, Utrecht NL and De Principaal B.V,
Amsterdam
Arquitectos *Architects*
MVRDV
Colaboradores *Collaborators*
Nathalie de Vries, Jacob van Rijs and Winy
Maas with Tom Mossel, Joost Glissenaar, Alex
Brouwer, Ruby van den Munckhof and Joost Kok
(concurso *competition phase*); Frans de Witte, Eline
Strijkers, Duzan Doepel and Bernd Felsinger
Consultores *Consultants*
Pieters Bouwtechniek (estructura *structure*);
Cauberg Huygen (servicios, acústica, física *services,
acoustics, building physics*); Bureau Bouwkunde
(ingeniería *facilitary office*)
Superficie construida *Built-up area*
19500 m²
Presupuesto *Budget*
16.8M €
Fotos *Photos*
Rob't Hart, Pedro Kok (p. 28 abajo *bottom*,
p. 29 arriba *top*)

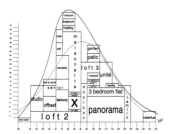

SITUADO SOBRE el río Ij, en Amsterdam, el bloque residencial Silodam acoge 157 viviendas y locales comerciales, oficinas, talleres y espacios colectivos. Los diferentes usos se apilan en diez niveles elevados sobre el agua mediante una retícula estructural de pilares y muros de carga, creando un bloque compacto que evoca un gran barco atracado y cargado de contenedores de mercancías.

El silo se levanta al final de un muelle donde otras construcciones fabriles también fueron transformadas en viviendas con el fin de aportar densidad urbana a esta céntrica zona de la ciudad. Los espacios colectivos para los vecinos, que incluyen una marina de atraque para pequeños botes, un graderío y una terraza sobre el mar, explotan esta magnífica situación. El Silodam acoge una gran variedad de tipologías de vivienda para generar un contenedor intergeneracional y adaptarse mejor a la demanda del mercado; la articulación entre ellas se produce a través de distintas pasarelas, galerías y corredores que dan acceso a cada tipo de casa. Internamente, el bloque se divide en grupos de cuatro a ocho viviendas, conformando pequeñas unidades que se identifican por el color de su acceso y porque reciben un tratamiento similar en la fachada —desde chapa ondulada o madera de cedro hasta paneles de aluminio—.

LOCATED ON THE *Ij River in Amsterdam, the Silodam houses a mixed program of 157 apartments, shops, offices, retail areas, and public spaces. The different uses are stacked in ten levels over the water with a structural grid of piles and loadbearing walls, generating a compact block that evokes a huge docked ship packed with containers.*

The silo stands at the end of the dock where other industrial structures were also transformed into residential developments in order to densify this central area of the city. The collective spaces for neighbors, which include a marina for small boats, bleechers, and a terrace over the water, make the most of this spectacular location. The Silodam apartments differ in cost and organization to generate an intergenerational container and to meet market demands. The blocks of apartments are organized around gardens, footbridges, galleries and corridors that give access to each type of unit. Internally, the Silodam is divided into groups of four to eight apartments, forming small units marked out by the color of their access and the similar facade design, featuring from corrugated sheet or cedar wood to aluminum panels.

En consonancia con su contexto, el bloque de viviendas adopta la imagen de contenedores apilados y plantea la máxima variedad tipológica dentro de un sencillo volumen prismático que se eleva ligeramente sobre el agua.

As a response to its context, the housing block echoes the image of stacked sea containers and sets out the maximum typological variety inside a simple prismatic volume that is slightly raised over the water.

El Silodam es el único edificio de nueva planta de este muelle, ya que fue levantado con el objetivo de hacer viable la transformación de los antiguos silos industriales de su alrededor y reactivar así esta zona de la ciudad.

The Silodam is the only new building on this harbor, because it was completed to fulfill the objective of proving the feasibility of transforming the old industrial silos around it and to reactivate this area of the city.

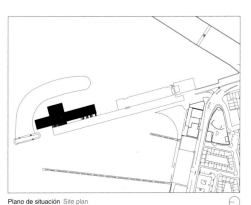

Plano de situación Site plan

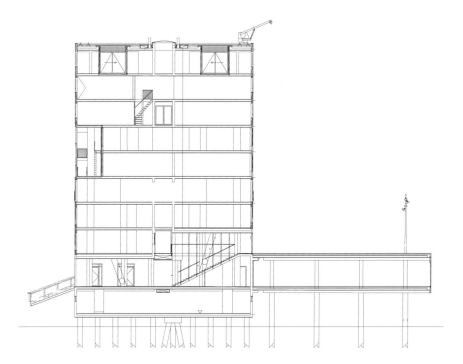

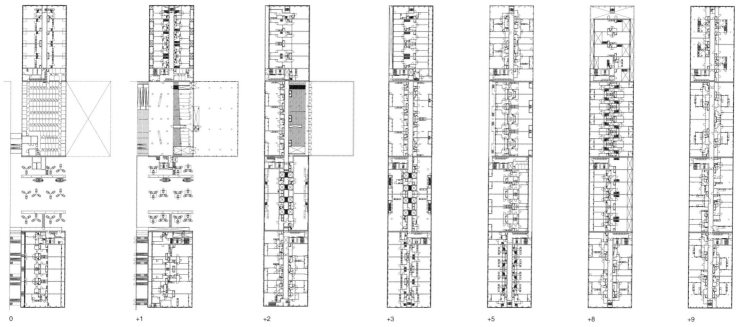

0   +1   +2   +3   +5   +8   +9

La privilegiada posición del bloque induce a crear espacios colectivos singulares como una marina, un gran balcón sobre el río o un dique de acceso, mientras que las zonas de conexión ofrecen diversas texturas y colores.

The vantage location of the block generates unique collective spaces: a marina, a large balcony over the river, or an access dam. The connecting areas, for their part, display a variety of textures and colors.

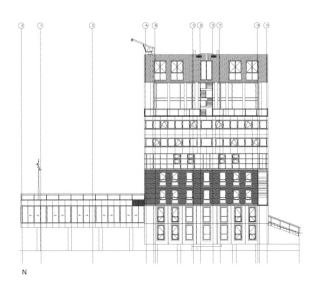

N

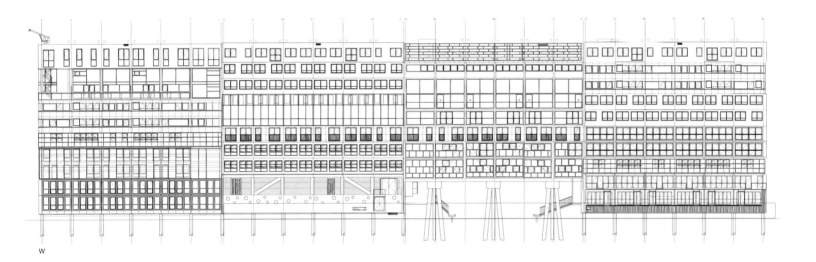

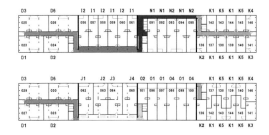

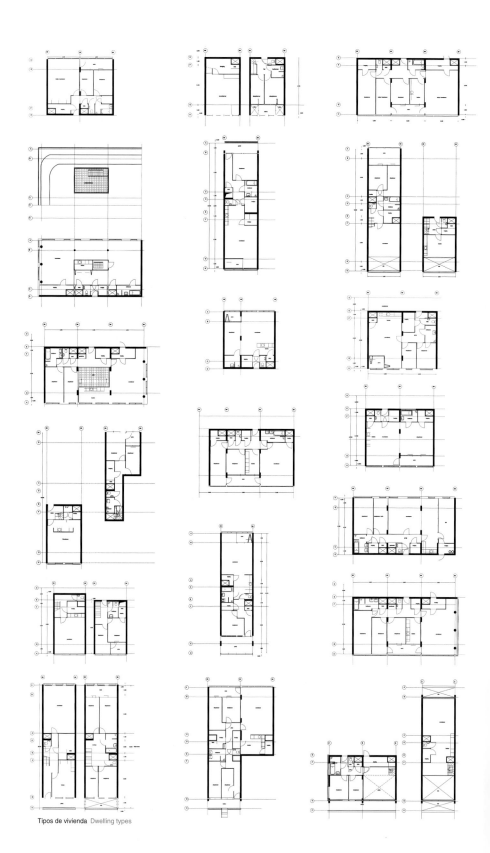

Tipos de vivienda Dwelling types

Los tipos residenciales —que comprenden desde el dúplex al *loft*, pasando por la casa patio— se organizan en diversos sectores o 'barrios' que se distinguen en las fachadas por la composición de sus huecos y su materialidad.

Housing types such as duplexes, lofts, or apartments with a patio are organized into different sections or 'neighborhoods' that are expressed on the facades through the window arrangements and the materials used.

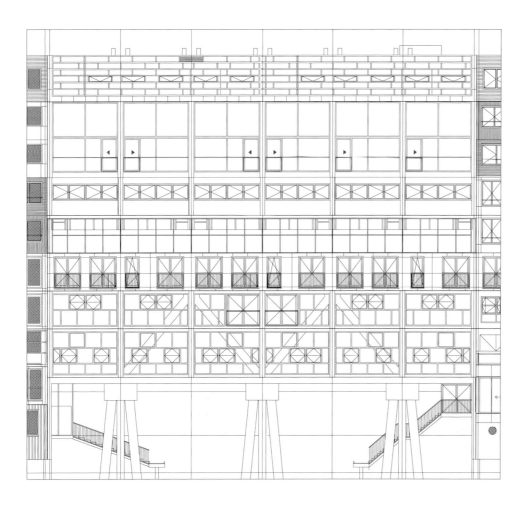

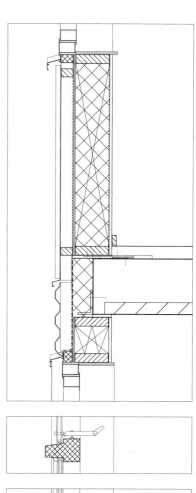

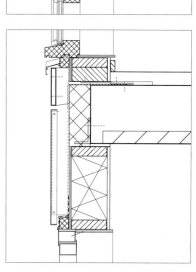

Edificio Mirador
Mirador Building

Obra *Work*
Mirador Housing
Cliente *Client*
Empresa Municipal de Vivienda de Madrid (EMV)
Arquitectos *Architects*
MVRDV / Blanca Lleó Asociados
Colaboradores *Collaborators*
Jacob van Rijs with Ignacio Borrego, Stefan Witteman,
Guillermo Reynes, Pedro García Martinez, Gabriela
Bojalil, Antonio Lloveras, Nieves Mestre, Marjolijn
Guldemond, Fabien Mazenc, Dagmar Niecke, Renzo
Leeghwater and Florian Jenewein
Consultores *Consultants*
Apartec Colegiados SL (aparejadores *quantity
surveyors);* NB35 (estructura *structure);*
JG & Asociados (instalaciones *services)*
Contratista *Contractor*
Dragados
Superficie construida *Built-up area*
18300 m² (156 viviendas *dwellings)*
Presupuesto *Budget*
10M €
Fotos *Photos*
Rob't Hart (pp. 34 abajo *bottom,* 36, 39); Roland
Halbe (pp. 34 arriba *top,* 40 izquierda *left,* 42
abajo *bottom,* 43); Miguel de Guzmán (p. 35)

EL PAU de Sanchinarro es uno de los barrios periféricos de reciente creación de la ciudad de Madrid. Su tejido urbano se configura a base de manzanas cerradas de seis a ocho alturas, salvo en la rotonda principal, donde se optó por levantar un hito que caracterizase el barrio. La torre, de 21 plantas, emula una de las manzanas de la zona levantada en vertical, y su patio central se convierte en un mirador en altura que funciona como espacio colectivo abierto hacia las magníficas vistas de la sierra de Guadarrama.

Frente a la seriación y repetición racionalista de la unidad familiar tipo, el proyecto se plantea como una solución más acorde a los modos de vida contemporáneos que aboga por la variación y la mezcla tipológica. El bloque se compone de nueve 'barrios' o agrupaciones de viviendas diferentes, todas pensadas con una organización flexible para adaptarse a los requerimientos personales y propiciar que cada habitante aporte su propia identidad. Por fuera, el color y los materiales de fachada distinguen los grupos, así como la modulación de los huecos. En el interior, los núcleos de comunicación componen un recorrido sinuoso que perfora el volumen, destacado por su color rojo vivo, y que se muestra en diversos puntos del exterior creando espacios abiertos excavados en el bloque que anticipan la experiencia del gran mirador.

SANCHINARRO *is a large and relatively new residential area on the outskirts of Madrid. Its urban tissue is configured as closed blocks rising six to eight stories high, except for the main roundabout, where the Mirador was developed as a reference point for the city extension and region at large, counteracting the massive uniformity of the surrounding blocks. The 21-story building mimics the blocks around it but as if raised on one side to turn the central courtyard into a high-rise lookout that frames the distant landscape.*

In contrast to the rationalist and serial repetition of the standard family unit, the project proposes a solution that is more in tune with the contemporary ways of life and that favors variation and mixed types. The block consists of nine 'neighborhoods' or housing units, all of them with a flexible layout to adapt to personal needs and to let dwellers express their own identity. On the outside, the color and facade materials differentiate the groups, as well as the window patterns. Inside, the communication cores compose a sinuous itinerary that perforates the volume, which stands out for its bright red tone, which reappears on the facade creating setbacks that herald the experience of the huge lookout.

Ante la falta de hitos urbanos en el contexto periférico donde se sitúa el edificio Mirador, éste trata de establecerse como una referencia creando un hito vertical con una plaza elevada que dota de identidad al barrio.

As there are no urban landmarks in the peripheral context where the Mirador goes up, the building is developed as a vertical landmark with a high-rise plaza that gives the neighborhood a recognizable image.

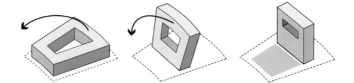

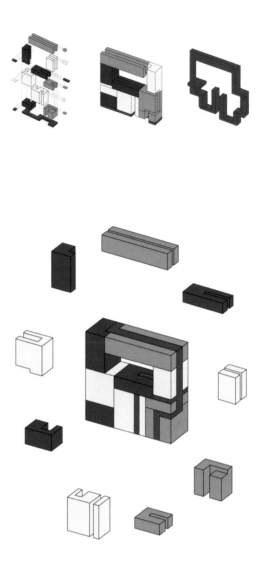

El edificio Mirador alberga 156 viviendas de protección que, como en el Silodam, se organizan en 'barrios'; cada zona se identifica con un acabado de fachada y ofrece una tipología diferente para acoger a sectores sociales diversos.

The 156 apartments of the Mirador Building are organized, as those of the Silodam, in 'neighborhoods.' Each area is marked out by a facade finish and offers a different housing type for a range of social sectors.

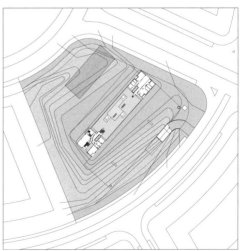

Planta de situación Site plan

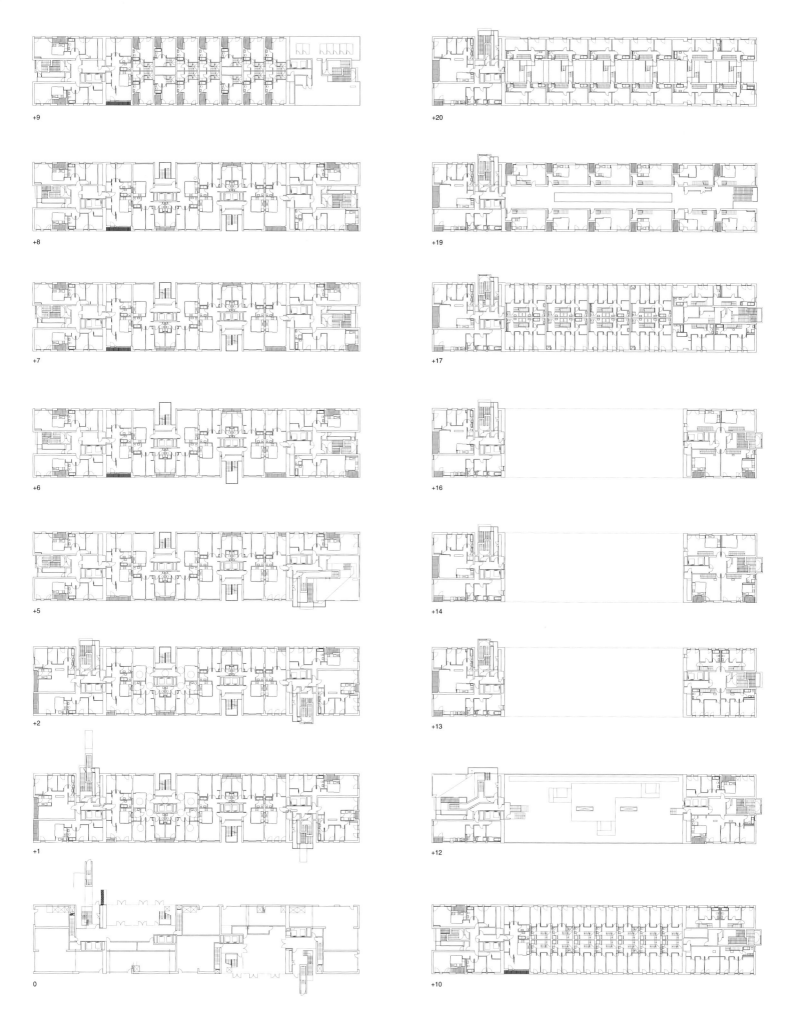

+9

+8

+7

+6

+5

+2

+1

0

+20

+19

+17

+16

+14

+13

+12

+10

Tipos de vivienda Housing types

──── 5 m

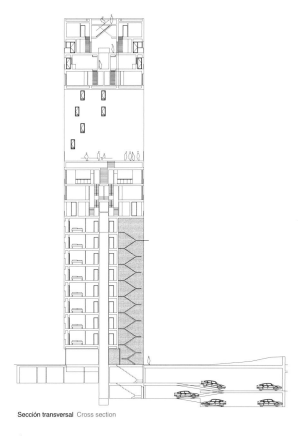

Sección transversal Cross section

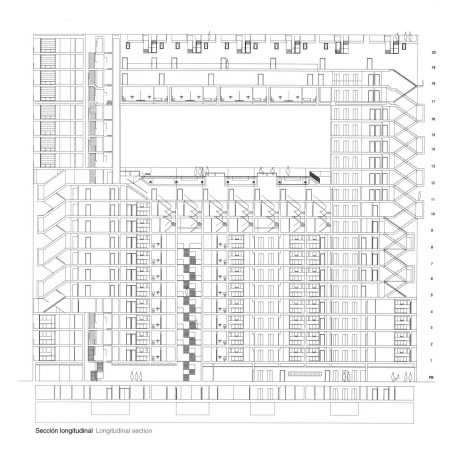

Sección longitudinal Longitudinal section

1 malla de fibra de vidrio
2 mortero con tratamiento hidrófugo
3 tablero cerámico
4 bandeja de conductos de instalaciones
5 hormigón armado visto
6 hormigón armado
7 recrecido de hormigón aligerado
8 grava de canto rodado Ø30-40mm
9 lámina PVC
10 placas machihembradas de poliestireno extruido
11 lámina geotextil
12 tapa atornillada para permitir el registro de instalaciones
13 ladrillo hueco doble
14 mortero de nivelación
15 chapa de acero e=10 mm
16 chapa acero e=3 mm
17 sellado elástico
18 mortero monocapa
19 medio pie, ladrillo tosco
20 poliuretano proyectado
21 guarnecido y enlucido de yeso pintado
22 pavimento de losas de hormigón
23 lámina drenante de polietileno con geotextil

1 *fiberglass mesh*
2 *mortar with waterproof treatment*
3 *ceramic board*
4 *systems and facilities tray*
5 *exterior reinforced concrete*
6 *reinforced concrete*
7 *lightweight concrete screed*
8 *boulder gravel of Ø30-40 mm*
9 *PVC waterproof sheet*
10 *tongue-and-groove extruded polystyrene plates*
11 *geotextile sheet*
12 *screwed cover for facility registration*
13 *double hollow brick*
14 *leveling mortar*
15 *steel sheet t=10 mm*
16 *galvanized steel sheet t=3 mm*
17 *elastic sealing*
18 *monolayer mortar*
19 *half foot rough brick wall*
20 *projected polyurethane*
21 *finish of trim and painted plaster*
22 *concrete tiles pavement*
23 *draining polyethylene sheet with geotextile*

Entre los diferentes sistemas de circulación destaca la escalera doble, en la que se superponen dos recorridos (uno interior y otro exterior) dentro del mismo núcleo vertical, de manera que se ahorran costes y superficie.

Of the different circulation systems, the most noteworthy is the double staircase, which makes two routes (interior and exterior) coincide within the same vertical core, saving costs and making an efficient use of space.

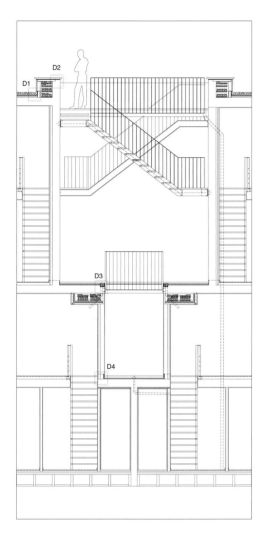

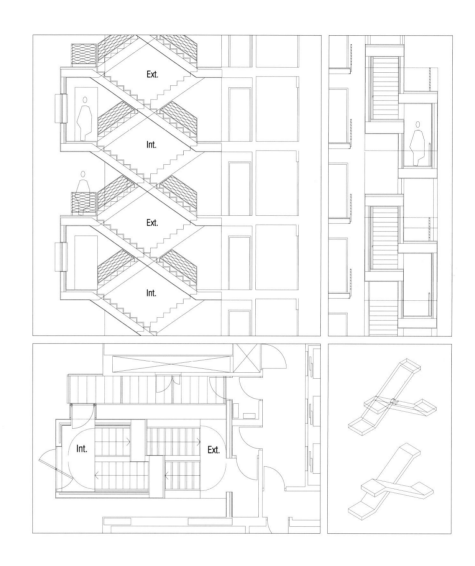

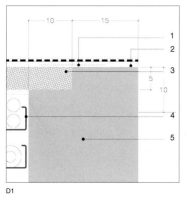

D1

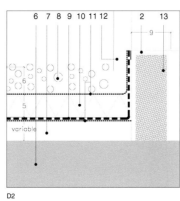

D2

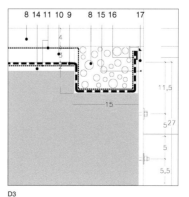

D3

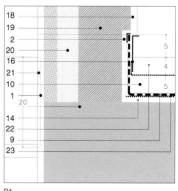

D4

Una viga-puente de 40 m de largo y 12 de altura, que fue izada hasta 51 m con una grúa especial, salva la luz del mirador elevado, al que se accede por una serie de espacios comunes que recorren el bloque y se muestran pintados de rojo.

A 40-meter long and 12-meter tall bridge-beam, which was lifted 51 meters high with a special crane, spans the distance of the vertical lookout, which is accessed through a series of communal spaces painted red.

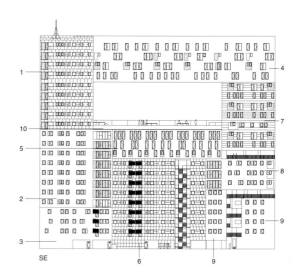

SE

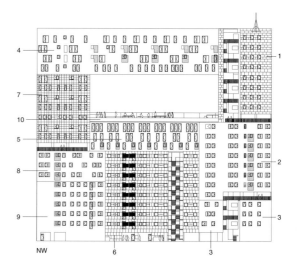

NW

1	piedra pizarra negra	1	*stone tiles of black slate*
2	paneles GRC blanco con altorrelieve circular	2	*white GRC panels with rounded high relief*
3	gresite grande negro con manchas blancas	3	*large-size black gresite tiles with white spots*
4	paneles GRC gris con estrías verticales	4	*grey GRC panels with vertical striation*
5	gresite gris	5	*grey gresite*
6	aplacado de granito gris	6	*grey granite finish*
7	aplacado de piedra caliza de campaspero	7	*stone tiles of campaspero limestone*
8	paneles GRC de color gris oscuro liso	8	*plain dark grey GRC panels*
9	gresite circular blanco con junta negra	9	*white circular gresite tiles with dark joints*
10	malla deployé	10	*deployé mesh*

2004-2009, Tianjin (China)

Plan urbano TEDA
TEDA Urban Fabric

Obra *Work*
TEDA Urban Fabric
Cliente *Client*
TEDA Vantone Real Estate Co. Ltd.
Arquitectos *Architects*
MVRDV/Tianjin Architects & Consulting Engineers
Colaboradores *Collaborators*
Jacob van Rijs with Stefan Witteman, Wenchian Shi,
Franziska Meisel, Johannes Schele, Sven Thorissen,
Rune Boserup, Tie Ying Fang and Joana Gomes
Superficie construida *Built-up area*
280000 m² (vivienda y comercio *housing and
retail space*)
Fotos *Photos*
LOTAN; Rob't Hart (pp. 45, 47)

SOBRE UNA macromanzana de la ciudad de Tianjin, el plan urbano TEDA se concibe para aumentar la densidad de un fragmento de tejido combinando la construcción horizontal y la construcción en altura. En las ciudades chinas, una gran parte de los barrios tradicionales han sido reemplazados por los desarrollos urbanos; la rapidez con que estos cambios se llevan a cabo deriva, consecuentemente, en la eliminación de las trazas de la ciudad antigua y y la imposición de una nueva estructura urbana sin vínculos físicos ni históricos con sus preexistencias.

En el caso de TEDA, la reacción al contexto inicial es uno de los puntos de partida. El proyecto conserva una gran parte de los árboles alineados a los lados de las calles antiguas, por lo que los ejes del trazado tradicional sirven como linderos para delimitar los solares de los nuevos edificios. Con el objetivo de alcanzar la densidad requerida para el proyecto, éste acoge una mezcla de tipologías de torres y construcciones de baja altura, en una proporción del 75% y el 25%, respectivamente. Cada torre se acompaña de una plaza que esponja el tejido y su posición busca maximizar la luz y el espacio para las construcciones bajas. Éstas, por su parte, se organizan según dos tipologías: la casa patio más típica, y la vivienda adosada de tres o cuatro alturas.

ON A HUGE *block in Tianjin, the TEDA plan is designed to densify a fragment of urban fabric combining horizontal and vertical construction. In Chinese cities, a significant part of the traditional neighborhoods have been replaced with urban developments. The speed at which these changes occur means that the patterns of the old city are erased and new towns are built without any specific links, historical or physical, to what was previously there.*

In the case of TEDA town, the reaction to the initial context is one of the project's premises. The urban plan reuses several of the existing tree lines on both sides of the old streets, so the axes of the old layout serve as boundaries to delimit the sites of the new buildings. To achieve the required density, the project includes a variety of tower and low-rise typologies, at a proportion of 75% and 25%, respectively. Each tower has a plaza to open up the urban tissue and seeks maximizing daylight and views while leaving enough space for the low-rise developments. These structures are organized in accordance with two typologies: the typical courtyard-house and three- or four-story row houses.

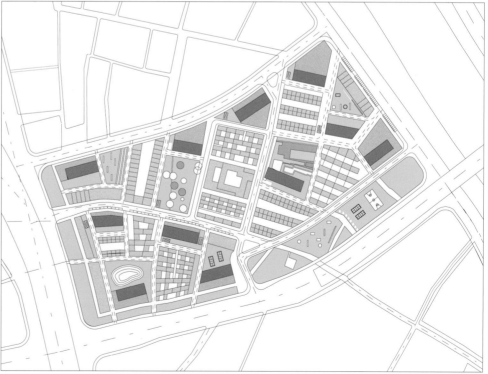

Planta general General plan

tejido urbano tradicional old street pattern + casas patio patio housing + torre tower + plaza plaza = tejido TEDA TEDA fabric

árboles existentes remaining trees　　árboles conservados saved trees　　antigua trama urbana old pattern　　nuevo tejido new layout

El plan TEDA mezcla vivienda y comercio combinando las tipologías de torre y de baja altura, que se disponen según los ejes del trazado urbano antiguo para preservar el arbolado y la diversidad de tejidos y de estilos de vida.

The TEDA urban plan mixes housing and retail using a combination of towers and low-rise typologies along the lines of the old street pattern to preserve both the trees and the rich tapestry of historical urban lifestyles.

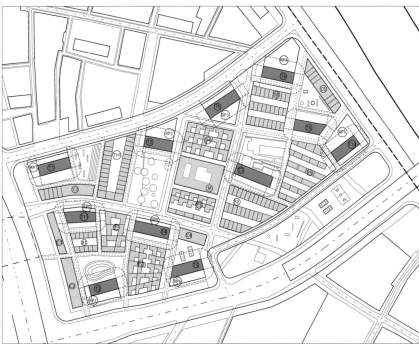

Estudio de distancias hacia las torres Tower distance analyses

Estudio de soleamiento y sombras arrojadas Sun and shadows distance analyses

torres towers	torre highrise	baja altura lowrise	torre highrise	baja altura lowrise	torre highrise	baja altura lowrise

separación mínima de 14 metros
minimun offset distance of 14 m

H = altura height

H = altura height

H = altura height

D = 1,2 x L	D = 1,5 x H	D = 1,2 x L	D = 1,3x H	D = 1,2 x L	D = 1,0 x H

0-15° inclinación building angle   15-30° inclinación building angle   15-30° inclinación building angle

7.1 6.5 6.5 8 6 7.2 5.3 7.2 5.5

2.7 6 2.8

Casas patio: sección transversal Patio houses: cross section

El denso tejido urbano se esponja a través de plazas enfrentadas a cada torre, dispuestas para maximizar el alcance de luz hacia las casas patio y los adosados de 3 y 4 alturas, mientras que el aparcamiento se sitúa bajo el nivel de calle.

The dense urban pattern is opened up through plazas facing each tower, placed to maximize the reach of light for the low-rise patio houses and the townhouses of 3 or 4 levels, while parking is hosted underground.

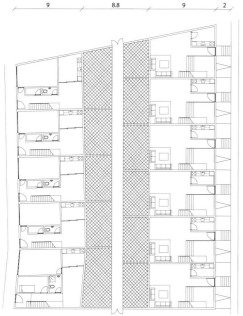

Viviendas adosadas: planta baja Town-houses: ground floor plan

Edificios de oficinas y comercio Office and retail buildings

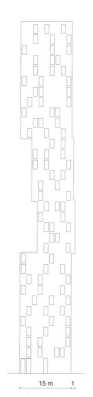

Alzado de torre Tower elevation

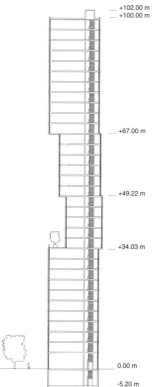

Sección transversal de torre Tower cross section

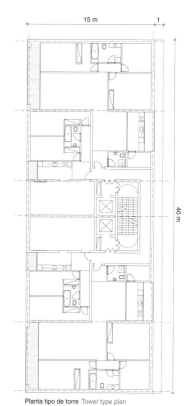

Planta tipo de torre Tower type plan

2004-2010, Lyon (Francia *France*)

Edificio Le Monolithe
Le Monolithe Building

Obra *Work*
Le Monolithe
Cliente *Client*
ING Real Estate / Artemis
Arquitectos *Architects*
MVRDV
Colaboradores *Collaborators*
Winy Maas with Marc Joubert, Céline Jeanne,
Carlos Mann, Johannes Schele, Marin Kulas,
Josefine Frederikson and Claire Destrebecq
Consultores *Consultants*
ECDM, EEA Erik van Egeraat Associated Architects,
Pierre Gauthier Architects, Manuelle Gautrand
Architects (diseño de sectores *design of different
sections*); West 8 (paisajismo *landscape*); ALTO
(servicios *services*); Khephren (estructura *structure*);
Robert-Jan van Santen Ass. (fachadas *facades*);
Yves Chicoteau (gestión *nanagement*); Ulcing
Talhouet Ass. (economista *economist*)
Superficie construida *Built-up area*
15000 m² (masterplan con viviendas, oficinas, zonas
comerciales, espacio público y aparcamiento *plan
director with housing, offices, commercial space,
public space and parking*); 3900 m² (sección de
MVRDV: apartamentos, zonas comerciales y
oficinas *MVRDV section: apartments, commercial
space and offices*)
Presupuesto *Budget*
45M € (total); 9M € (MVRDV section)
Fotos *Photos*
Philippe Ruault; Loïc Vendrame (p. 53 izquierda *left*)

FRUTO DE la colaboración de cinco estudios sobre un plan director de MVRDV, el edificio Le Monolithe se sitúa en el área de Lyon Confluence, una zona en regeneración al sur de esta ciudad francesa. El proyecto es una supermanzana que combina viviendas sociales, apartamentos de alquiler, oficinas, residencias para discapacitados y comercio. La organización del solar parte de la propuesta presentada por MVRDV a un concurso público convocado en 2004, en el que proponían un superbloque dividido en cinco secciones que serían diseñadas por estudios diferentes para garantizar la diversidad, siendo ellos los encargados de realizar el testero sur.

El bloque se caracteriza por una plaza central elevada que mira a la ciudad y al frente fluvial, diseñada por los paisajistas West 8. Las fachadas del bloque sur se protegen con una piel de aluminio que crea huecos accesibles, una interpretación moderna de la arquitectura local, y que albergan una inscripción del primer artículo de la Constitución Europea que rechazaron Francia y Holanda en 2005. En el diseño global se ha tenido muy en cuenta la eficiencia energética, con medidas pasivas que hacen del bloque un modelo de construcción urbana sostenible.

LE MONOLITHE *is located in the Lyon Confluence area and its design is the result of the collaboration between five studios, based on the masterplan by MVRDV. The urban superblock is a mixed-use development comprising of a mix of social and rental housing, offices, housing for people with disabilities, shops, and underground parking. The site plan stems from the proposal MVRDV presented to a public competition held in 2004, where they proposed a superblock divided into five sections that would be designed by five different studios to guarantee diversity, and MVRDV themselves would be in charge of designing the front section facing south.*

The block is characterized by a large interior courtyard with a raised public space overlooking the city, the new marina and a park, designed by the landscape architecture firm West 8. The facades of the south block are protected from the sun by aluminum shutters, in reference to local architecture, and they bear an inscription of the first article of the European Constitution that France and The Netherlands voted against in 2005. The overall design seeks energy efficiency, applying passive strategies that turn the block into a model of sustainable construction.

Situado en el área de Lyon Confluence, Le Monolithe es un bloque de manzana de uso mixto con patio central dividido en cinco sectores realizados por arquitectos diferentes para añadir diversidad al nuevo tejido urbano de la zona.

Located in the Lyon Confluence area, Le Monolithe is a mixed-use urban block with a central courtyard and divided into five sections that, to offer a great diversity, are designed by different architecture studios.

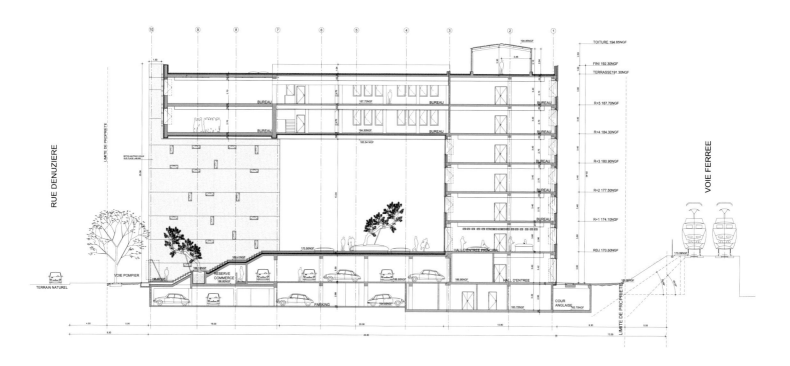

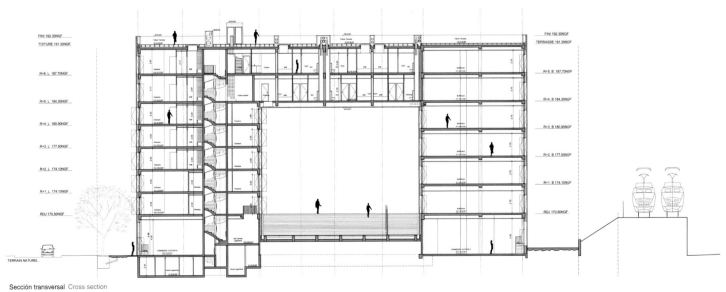

Sección transversal Cross section

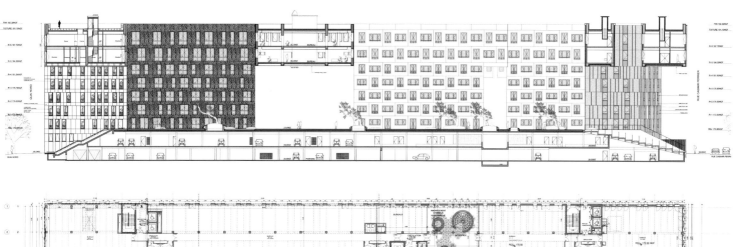

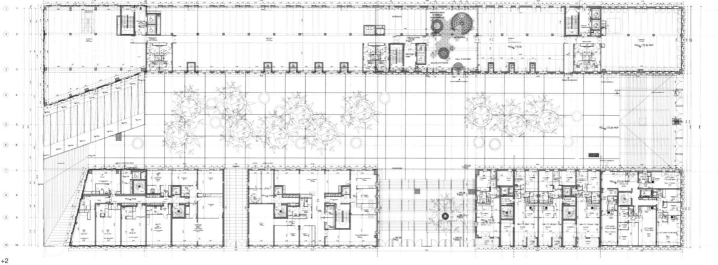

+2

Tres puentes de viviendas y oficinas cruzan el patio central, coincidiendo con las escaleras de acceso al interior del bloque; este espacio es una plaza semipública elevada sobre la cota de la ciudad que cubre el aparcamiento.

Three bridges containing houses and offices cross the central courtyard, coinciding with stairs of access to the interior of the block; this space is a semipublic raised square overlooking the city and covering the car park.

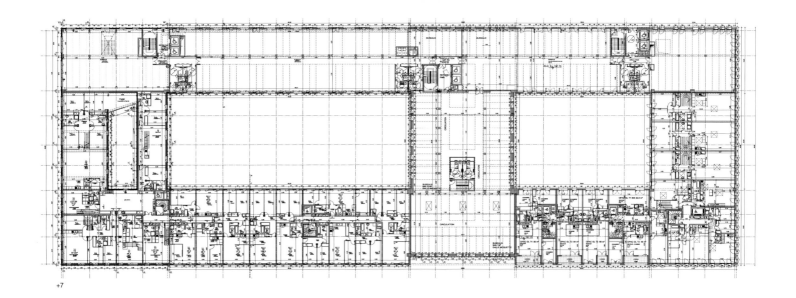

+7

El testero sur del edificio, diseñado por MVRDV, tiene una fachada de paneles de aluminio con contraventanas giratorias que muestran una inscripción del artículo de la Constitución Europea rechazada en 2005.

The southern end of the building, designed by MVRDV, has an aluminum facade with rotationg shutters that, when closed, reveal an inscription of the first article of the European Constitution, rejected in 2005.

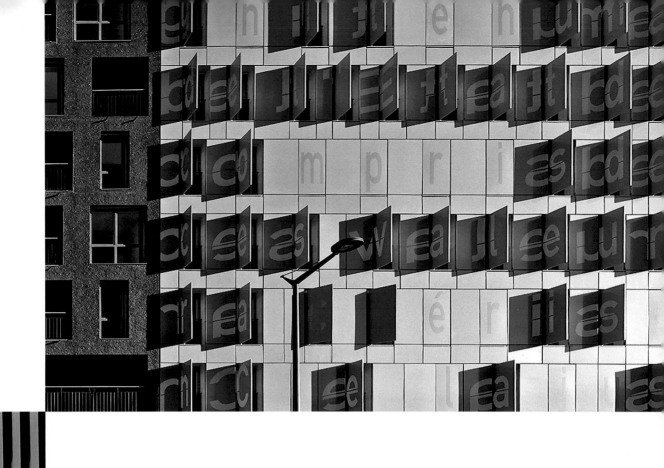

1 contraventana metálica exterior móvil de chapa de aluminio
2 barandilla de metal de chapas de hierro plano 5mm x 50 mm
3 carpintería de madera
4 aislamiento térmico e=150 mm
5 aleta de fijación deslizante para la contraventana
6 perfil en L de aluminio lacado que forma el tope para el cierre de la contraventana
7 panel exterior de fachada de chapa de aluminio

1 *outer mobile metal shutter of aluminum sheet*
2 *metal handrail formed with flat iron plates 5 mm x 50 mm*
3 *wood carpentry*
4 *thermal insulation t= 150 mm*
5 *sliding hinged arm anchorage for facade shutter*
6 *L-profile in lacquered aluminum forming the stop for the closing of the shutter*
7 *outer facade panel of aluminum sheet*

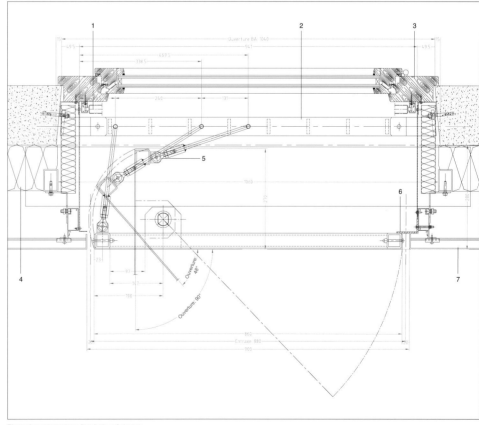

Planta de contraventana Detail plan of shutter

La sección del edificio se concibe como una estratificación geológica que continúa el terreno; sus forjados se pliegan dando lugar a un interior diverso y complejo que huye de la monotonía de las oficinas habituales.

The building is conceived as a geological formation that extends the terrain's strata; its folding and connected slabs result in an interior space with a wide range of contexts, departing from the usual office building types.

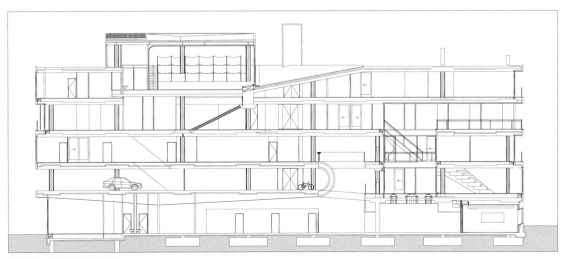

Sección este-oeste East-West section

La compacidad que
caracteriza al bloque,
así como la continuidad
espacial de su interior,
crea espacios de oficinas
de gran profundidad;
esto se compensa con los
huecos en los forjados
que, siguiendo diversos
patrones, crean vacíos que
introducen luz y delimitan
zonas para cumplir la
normativa aplicable.

*The building's
compactness and the
spatial continuity of the
interior spaces creates
very deep office spaces.
To counteract this depth
the slabs are perforated
following different
patterns, and these
openings bring daylight
inside and differentiate
spaces to comply with
zoning regulations.*

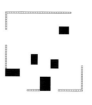

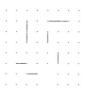

Patrones espaciales Spatial patterns

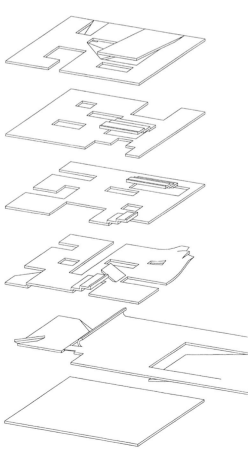

Superposición de estratos (forjados) Stacked layers (slabs)

Las plantas se conciben como superficies abiertas y diáfanas donde los forjados, plegados y convertidos en rampas, graderíos o muros, son los únicos elementos que delimitan el espacio interior del edificio.

The floor plans are thought out as open, diaphanous surfaces where the slabs, bent and turned into ramps, tribunes, or walls, are the only elements that delimit the interior space of the building.

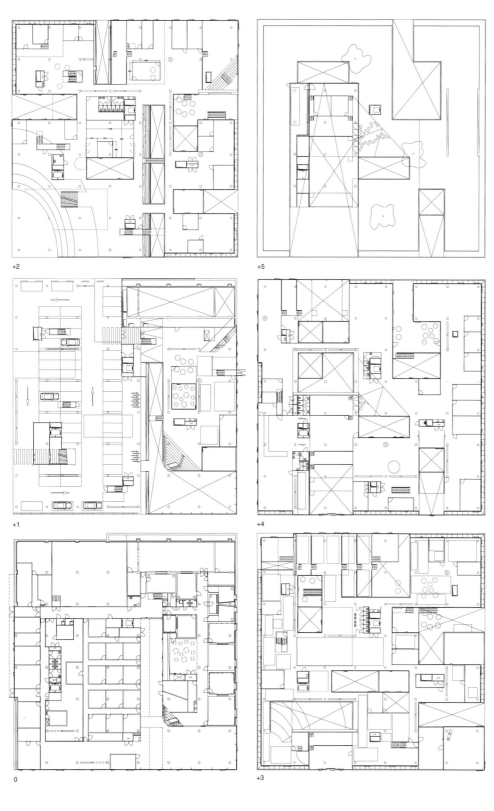

+2

+5

+1

+4

0

+3

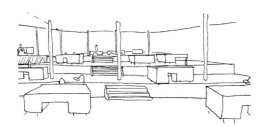

Los puestos de trabajo se reparten libremente por el interior fluido, donde los espacios se comunican física y visualmente entre sí y posibilitan una gran versatilidad en su uso y una alta flexibilidad para la reorganización interna.

The workstations are freely arranged in the open-plan interior, where the spaces are physically and visually interconnected and facilitate a great versatility of use and maximum flexibility to reorganize the office space as needed.

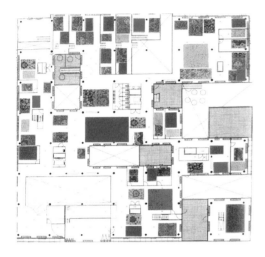

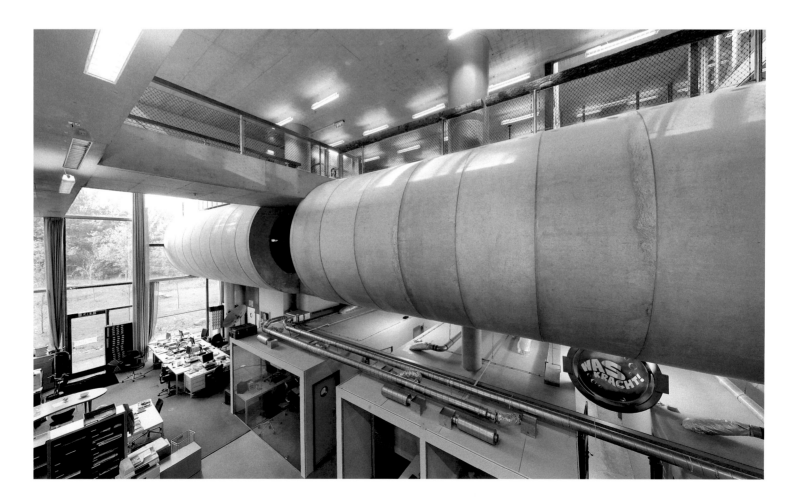

2003-2012, Spijkenisse (Países Bajos *Netherlands)*
Biblioteca Book Mountain
Book Mountain

Obra *Work*
Book Mountain and Library Quarter
Cliente *Client*
Gemeente Spijkenisse
Arquitectos *Architects*
MVRDV
Colaboradores *Collaborators*
Winy Maas, Nathalie de Vries and Jacob van Rijs
with Marc Joubert, Anet Schurink, Bart Spee, Jeroen
Zuidgeest, Fokke Moerel, Stefan de Koning, Kai
Kanafani, Ole Schröder, Marin Kulas, Anton Wubben
and Sybren Boomsma (concurso *competition phase);*
Winy Maas with Fokke Moerel, Marc Joubert,
Anet Schurink, Stefan de Koning, Marin Kulas,
Anton Wubben and Sybren Boomsma (diseño y
construcción *design and construction phase)*
Consultores *Consultants*
Arcadis Nederland (instalaciones *installations);*
ABT i.o.v. Arcadis Nederland (estructura *structure);*
Studio Bouwhaven (arquitecto técnico *technical
architect);* Keijsers Interior Projects (estanterías *book
shelves);* Brakel Atmos (vidrio *glass);* De
Groot Vroomshoop Houtbouw (revestimiento
de madera *wood cover);* Roukens + Van Gils
(consultoría de diseño interior *interior advise);* KLP
(montaje estanterías *material book shelves);* DGMR
(climatización, acústica *climate, acoustics);* ARUP
(iluminación *lighting);* Viabizzuno (lámparas *lamps);*
Feeks (mobiliario *foam furniture);* Steen bv
(cerámica *brick manufacturer);* Scholter metsel-en
stelwerken bv (montaje de ladrillos y uniones *brick
and joint work)*
Contratista *Contractor*
VORM Bouw
Superficie construida *Built-up area*
9300 m²
Fotos *Photos*
Daria Scagliola & Stijn Brakkee (pp. 68 abajo *bottom,*
69, 70, 71, 72-73, 74); Jeroen Musch (pp. 68
arriba *top,* 75)

SITUADA EN el área metropolitana de Rotterdam, Spijkenisse es una localidad que ha sufrido una gran transformación en los últimos 40 años, pasando de ser una pequeña población de agricultores a una ciudad moderna de tamaño medio. En el centro urbano, la nueva biblioteca forma parte de un plan de reactivación del tejido con viviendas y equipamientos para fomentar la cultura en una zona donde existe una tasa del 10% de analfabetismo. El denominado Library Quartier ('barrio de la biblioteca'), diseñado enteramente por MVRDV, se materializa en ladrillo para crear una unidad homogénea donde la biblioteca, envuelta en cristal, funciona como el nuevo símbolo y reclamo de actividad. Por ello, la biblioteca se concibe como una gran montaña de libros expuesta al exterior.

El cerramiento de vidrio toma la forma arquetípica de un granero, en referencia a la historia del lugar. En el interior, los acabados se resuelven con el mismo ladrillo del exterior para crear continuidad y reforzar el carácter público del espacio. Varias plataformas se superponen para crear un perfil escalonado y albergar en su interior otros equipamientos complementarios como un club de ajedrez, un auditorio, oficinas o comercios; el perímetro de esta pirámide es una estantería continua realizada en cerámica reciclada.

LOCATED IN THE *metropolitan area of Rotterdam, Spijkenisse is a town that has undergone a huge transformation over the past 40 years, growing from a small population of farmers to become a modern mid-size city. In the urban center, the new library is built within a broader plan to reactivate the urban fabric with residential developments and cultural facilities in a community with 10 percent illiteracy. The Library Quartier, designed entirely by MVRDV, is built of brick to create a homogeneous unit where the library, glass-enclosed, becomes an advert for reading and a powerful symbol. That is why the library is conceived as a huge mountain of books that can be seen from the exterior.*

The Book Mountain is covered by a barn-shaped envelope, making reference to the agricultural past of the place. The interior spaces are finished in the same brick of the exterior to generate continuity and strengthen the public character of the space. Several platforms are superposed to create a stepped profile and to house other facilities like a chess club, an auditorium, offices, and shops. The perimeter of this pyramid is a continuous bookshelf made of recycled ceramic from flowerpots.

La biblioteca se configura como el hito y centro de actividad del barrio dentro de una operación de mayor escala que pretende regenerar esta céntrica zona de la ciudad mediante la inserción de vivienda nueva y programa cultural.

The library goes up as the neighborhood's new landmark and center of activity, within a broader program to regenerate this central area of the city with new housing as well as cultural and commercial functions.

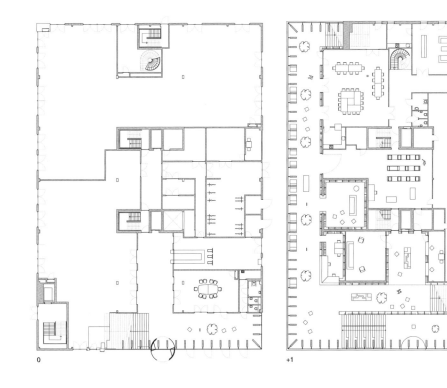

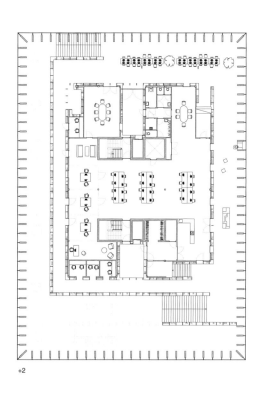

0   +1   +2

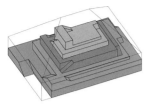

Usos públicos apilados Stacked public uses

Área de biblioteca Library area

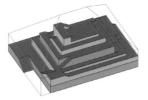

Programa completo Full program

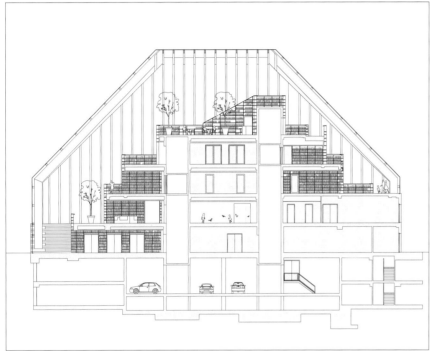

Sección longitudinal Longitudinal section

El interior se organiza en plataformas apiladas para diversos usos públicos y con un perfil escalonado cuyo perímetro se recubre totalmente con libros; la biblioteca funciona, así, como una plaza soleada y protegida por el vidrio.

The interior is organized in stacked platforms for different public uses and with a stepped profile whose perimeter is entirely covered with books. In this way the library becomes a sunny plaza protected by glass.

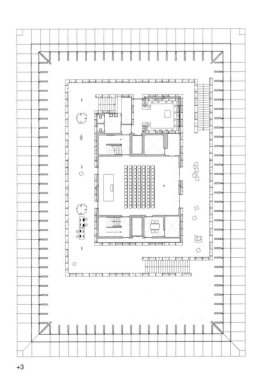

+3

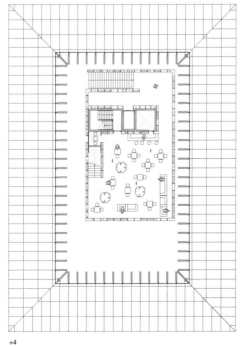

+4

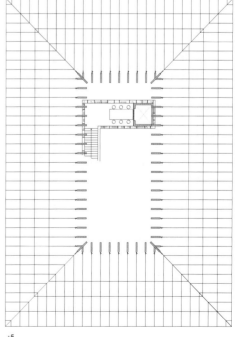

+5

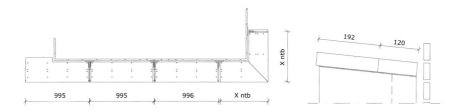

995	995	996	X ntb

192	120

X ntb

Sobre una base de ladrillo que armoniza con la materialidad del entorno, emerge un armazón estructural formado por costillas de madera y perfiles metálicos que soportan un cerramiento continuo de vidrio.

Placed over a brick base which matches the materiality of the surrounding neighbourhood there is a structural framework of wood and metal profiles which support a plain glazing envelope.

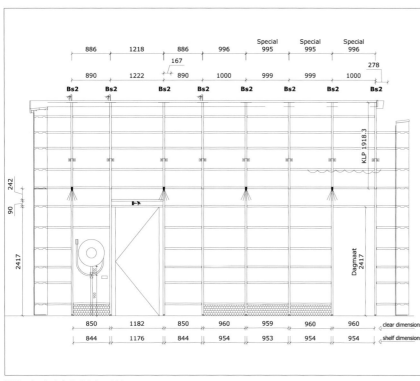

886	1218	886	996	Special 995	Special 995	Special 996	
890	1222	890	1000	999	999	1000	278

167

Bs2 Bs2 Bs2 Bs2 Bs2 Bs2 Bs2 Bs2

KLP 1918.3

242

90

2417

Dagmaat 2417

850	1182	850	960	959	960	960	clear dimensions
844	1176	844	954	953	954	954	shelf dimensions

Detalles de estantería Bookshelves details

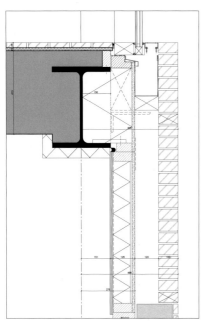

BG

Detalles de fachada Facade details

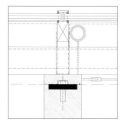

Detalles del vidrio Glass details

El volumen toma la forma arquetípica de un granero tradicional de la zona cuya temperatura se regula con climatización geotérmica combinada con técnicas pasivas como parasoles móviles, ventilación cruzada o efecto Venturi.

The building's shape refers to the archetypal barns of the area. Climate control is achieved using geothermal systems combined with passive techniques like sun shades, cross ventilation, and the Venturi effect.

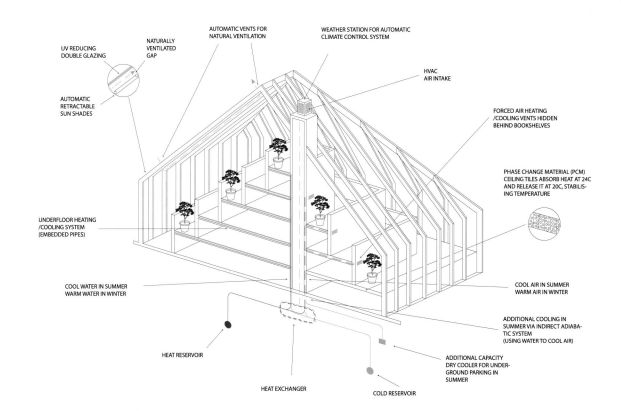

AUTOMATIC VENTS FOR NATURAL VENTILATION

WEATHER STATION FOR AUTOMATIC CLIMATE CONTROL SYSTEM

UV REDUCING DOUBLE GLAZING

NATURALLY VENTILATED GAP

HVAC AIR INTAKE

AUTOMATIC RETRACTABLE SUN SHADES

FORCED AIR HEATING /COOLING VENTS HIDDEN BEHIND BOOKSHELVES

PHASE CHANGE MATERIAL (PCM) CEILING TILES ABSORB HEAT AT 24C AND RELEASE IT AT 20C, STABILIS-ING TEMPERATURE

UNDERFLOOR HEATING /COOLING SYSTEM (EMBEDDED PIPES)

COOL WATER IN SUMMER WARM WATER IN WINTER

COOL AIR IN SUMMER WARM AIR IN WINTER

ADDITIONAL COOLING IN SUMMER VIA INDIRECT ADIABA-TIC SYSTEM (USING WATER TO COOL AIR)

HEAT RESERVOIR

ADDITIONAL CAPACITY DRY COOLER FOR UNDER-GROUND PARKING IN SUMMER

HEAT EXCHANGER

COLD RESERVOIR

Markthal Rotterdam
Rotterdam Market Hall

Obra *Work*
Rotterdam Markthal
Cliente *Client*
Provast Nederland bv
Arquitectos *Architects*
MVRDV / INBO
Colaboradores *Collaborators*
Winy Maas and Jacob van Rijs with Marc Joubert,
Anet Schurink, Jeroen Zuidgeest, Michele Olcese,
Laura Grillo, Ivo van Capelleveen (concurso
competition phase); Winy Maas with Renske van der
Stoep, Anton Wubben, Marc Joubert, Sven Thorissen,
Gijs Rikken, Joeri Horstink, Elsbeth Ronner (diseño y
construcción *design and construction phase*)
Consultores *Consultants*
Royal Haskoning DHV (estructura *structure*); Peutz
& Associes Zoetermeer (servicios, acústica *services,
acoustics*); Techniplan (instalaciones *installations*);
Octatube (fachada de vidrio *glass façade engineering*);
Corio (gestión de los puestos de mercado *manager
market-stall*); Arno Coenen & Iris Roskam
(artistas *artist*); TS Visuals (impresión *print*)
Contratista *Contractor*
Mobilis + Martens en Van Oord (contratista del
aparcamiento *car park contractor*); J.P. van Eesteren
(contratista sobre el nivel del terreno *above ground
contractor*)
Superficie construida *Built-up area*
95000 m²
Presupuesto *Budget*
175M €
Fotos *Photos*
Daria Scagliola & Stijn Brakkee (pp. 76 arriba *top,*
77, 78, 81 arriba y abajo *top and bottom,* 83
abajo *bottom*); Ossip van Duivenbode (pp. 76
abajo *bottom,* 79, 81 centro *middle,* 83 arriba y
centro *top and middle*); Hufton + Crow/VIEW (p. 80,
82, abajo *bottom*); Frank Hanswijk (pp. 84-85)

EL NUEVO MERCADO del centro histórico de Rotterdam, caracterizado por su sección en arco de herradura con 40 metros de altura libre, ofrece una mezcla de usos diversos destinados a revitalizar el distrito de Laurenskwartier en el que se sitúa. Además de plaza de abastos, el edificio alberga comercio, restaurantes, viviendas y aparcamiento subterráneo, y su forma es la expresión directa de la separación programática y de las restricciones legales —la normativa europea obliga a cubrir los tradicionales mercados de carne y pescado por razones de higiene y salubridad—. De este modo, el proyecto emplea la imposición de la cubierta para dotar al edificio de todo el programa complementario, liberando el interior y fomentando, así, la ancestral cualidad de plaza y lugar de encuentro de los mercados.

Las 228 viviendas que conforman este arco habitable, regidas por la estricta normativa holandesa, emplean doble fachada y sitúan la estancias principales hacia el exterior, orientando hacia el mercado las cocinas, zonas de almacenamiento y comedores. El intradós de la bóveda se cubre con un colorido e impresionante mosaico de frutas, flores y vegetales realizado por los artistas Arno Coenen e Iris Roskam cuyos 11.000 metros cuadrados conforman la obra artística más grande de los Países Bajos.

THE NEW MARKET *in the historic center of Rotterdam, characterized by its roof which is a horseshoe arch of 40 meters in height, offers a mixture of different programs aimed at revitalizing the Laurenskwartier district where it goes up. Aside from the market, the complex harbors shops, restaurants, housing, and underground parking, and its design is the formal expression of the separation of programs and legal restrictions – European codes make it obligatory to cover traditional meat and fish markets for hygiene and health reasons. In this way, the projects uses the roof to equip the building with the full complementary program, freeing up the interior and favoring the ancestral quality of the plaza and the market.*

The 228 apartments in this inhabitable arch, ruled by strict Dutch regulations, use a double facade and place the main rooms towards the exterior, making kitchens, storage areas, and dining rooms face the market. The inner surface of the vault is covered with a colorful and dazzling mosaic of fruits, flowers, and vegetables carried out by artists Arno Coenen and Iris Roskam, whose 11,000 square meters transform this market into the largest artwork in the Netherlands.

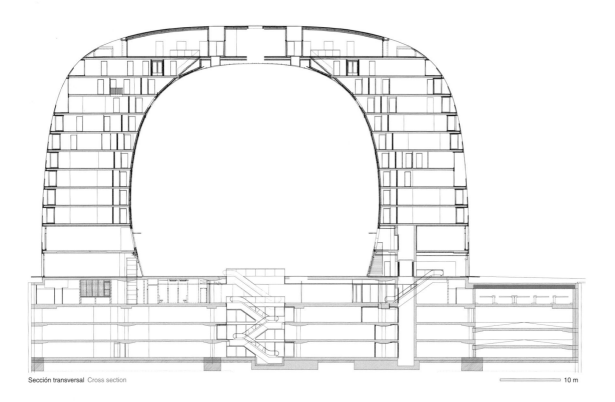

El edificio es un gran arco extruido de 40 metros de alto por 70 de ancho y 117 de longitud que alberga comercio en las plantas inferiores y vivienda en las superiores, formando una icónica cubrición para el mercado de su interior.

The building is a huge extruded arch rising 40 meters high and measuring 70 meters wide and 117 meters long. Its lower floors are for shops and the upper ones contain housing, with an iconic roof covering the market space.

Sección transversal Cross section   10 m

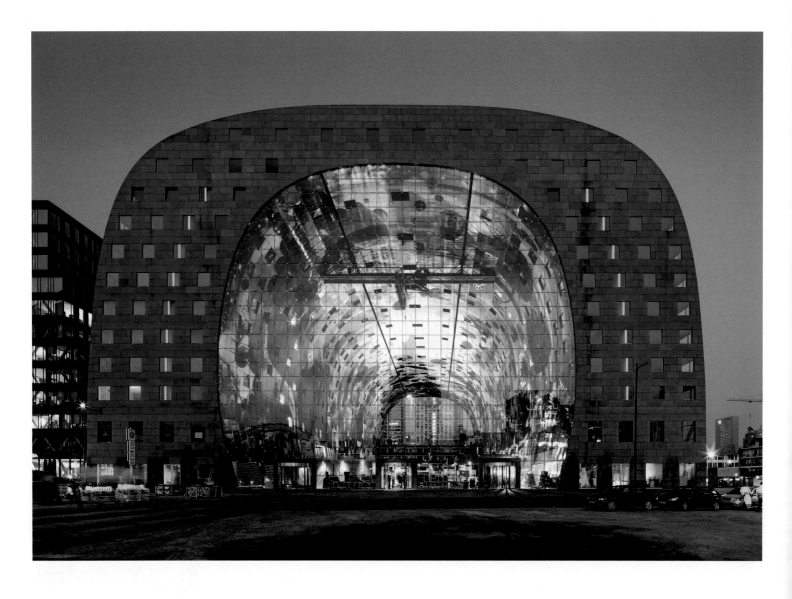

La ejecución del mosaico de llamativos colores que cubre el mercado, planteada inicialmente en pantallas LCD, se realizó en planchas de aluminio cuadradas de 1,5 metros en las que se imprimió la imagen, renderizada por Pixar, con una resolución final de 6.000 dpi.

The striking, colorful mosaic covering the market, originally designed with LCD screens, was finally materialized with square aluminum sheets of 1.5 meters on which the image – rendered by Pixar – was printed at a resolution of 6,000 dpi.

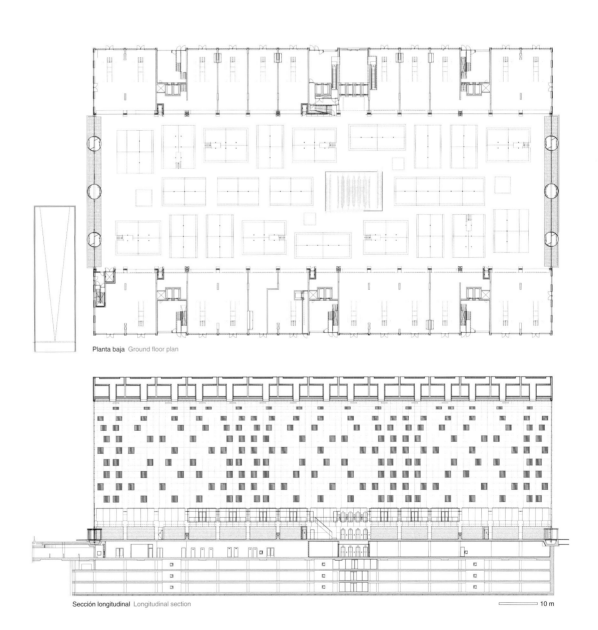

Planta baja Ground floor plan

Sección longitudinal Longitudinal section

⊢──────┤ 10 m

Las 228 viviendas —que aportaron la inversión privada necesaria para el proyecto— tienen vistas al mercado por el interior y se abren hacia el exterior a través de grandes balcones y, en el caso de los áticos, también hacia patios.

The 228 apartments (which covered the private investment needed for the project) have views of the market's interior and open up to the exterior through large balconies, and in the case of the penthouses, also to patios and terraces.

Alzado exterior Exterior elevation

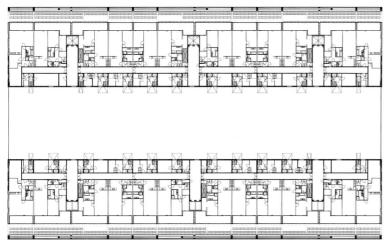

Planta intermedia, apartamentos Intermediate floor plan, apartments

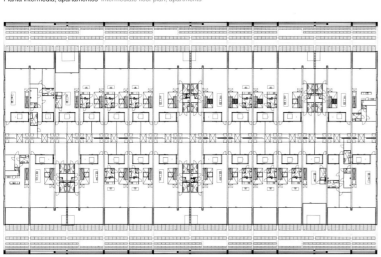

Planta superior, áticos Upper floor plan, attics

10 m

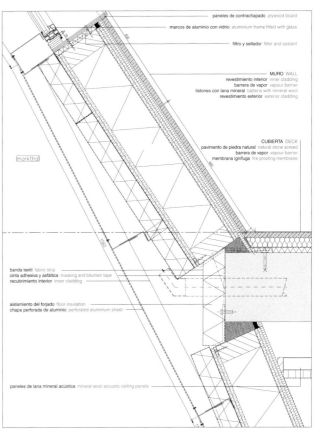

paneles de contrachapado plywood board
marcos de aluminio con vidrio aluminium frame fitted with glass
filtro y sellador filter and sealant

MURO WALL
revestimiento interior inner cladding
barrera de vapor vapour barrier
listones con lana mineral battens with mineral wool
revestimiento exterior exterior cladding

CUBIERTA DECK
pavimento de piedra natural natural stone screed
barrera de vapor vapour barrier
membrana ignífuga fire proofing membrane

markthal

banda textil fabric strip
cinta adhesiva y asfáltica masking and bitumen tape
recubrimiento interior inner cladding

aislamiento del forjado floor insulation
chapa perforada de aluminio perforated aluminium sheet

paneles de lana mineral acústica mineral wool acoustic ceiling panels

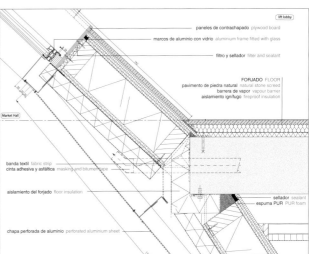

lift lobby

paneles de contrachapado plywood board
marcos de aluminio con vidrio aluminium frame fitted with glass
filtro y sellador filter and sealant

FORJADO FLOOR
pavimento de piedra natural natural stone screed
barrera de vapor vapour barrier
aislamiento ignífugo fireproof insulation

Market Hall

banda textil fabric strip
cinta adhesiva y asfáltica masking and bitumen tape

aislamiento del forjado floor insulation

sellador sealant
espuma PUR PUR foam

chapa perforada de aluminio perforated aluminium sheet

Encuentro de forjados e intradós de bóveda Details of the junction of slabs and interior vault

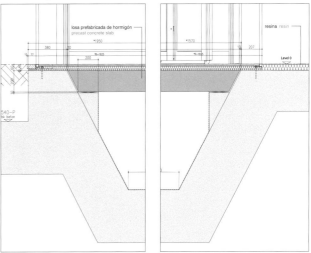

losa prefabricada de hormigón precast concrete slab

resina resin

Level 0

540-P
9k beton

Encuentro del forjado en planta baja y la puerta Details of the junction of slab and door

Granja de Vidrio
Glass Farm

Obra *Work*
Glass Farm
Cliente *Client*
RemBrand bv
Arquitectos *Architects*
MVRDV
Colaboradores *Collaborators*
Winy Maas with Frans de Witte and Gijs Rikken
Consultores *Consultants*
Hooijen Konstruktiebureau (estructura *structure*); IOC
Ridderkerk (instalaciones *installations*); Brakel Atmos
(fachada *facade*); AGC (vidrio *glass*)
Superficie construida *Built-up area*
1600 m²
Fotos *Photos*
MVRDV (p. 86 arriba *top*); Persbureau van
Eijndhoven (p. 86 abajo *bottom*); Daria Scagliola &
Stijn Brakkee (pp. 87, 88, 89, 90, 91)

El casco histórico de la ciudad de Schijndel permanece marcado por los bombardeos que se produjeron durante la II Guerra Mundial con algunos vacíos en su trama urbana. En uno de ellos, emplazado entre la iglesia, el ayuntamiento y la calle principal, se encuentra ahora la Granja de Vidrio, conocida como Glass Farm, un edificio que contiene restaurantes, tiendas y otros servicios. El volumen del edificio parte del sólido capaz determinado en las ordenanzas, que coincide con el de una granja tradicional de la zona. A partir de esta casualidad, el proyecto emula el aspecto de una granja vernácula con medios contemporáneos y estrategias ilusionistas. Para ello, fue necesario medir la poca arquitectura vernácula conservada y, contando con la colaboración del artista Frank van der Salm, fotografiar sistemáticamente sus detalles, de manera que estas imágenes pudieran serigrafiarse sobre los 1.800 metros cuadrados de vidrio de la envolvente. La construcción es como una granja que ha sido ampliada 1.6 veces su tamaño original, y en su interior los detalles serigrafiados atravesados por la luz generan una atmósfera onírica y peculiar. Algunas partes de la superficie del vidrio no tienen ningún acabado impreso y funcionan a modo de huecos transparentes, que ayudan a comprender los juegos perceptivos que definen el edificio.

THE HISTORIC CENTER *of Schijndel suffered bombings during World War II, which left voids in its urban tissue. In one of these voids, located between the church, the town hall, and the main street, is the Glass Farm, a building with public amenities such as restaurants, shops, and other services. The maximum envelope that was defined by the town planners had precisely the form of a traditional Schijndel farm, and from this coincidence the project mimics the appearance of a vernacular farm using contemporary means and illusory strategies. To achieve this, all historical local farms were measured, analyzed, and an 'ideal' average was conceived from this data. Artist Frank van der Salm photographed them and from these an image of the 'typical farm' was composed. This image was printed using fritted procedure onto the 1,800-square-meter glass facade. The Glass Farm is intentionally designed out of scale and is 1,6 times larger than its original size. Inside the printed details generate an oneiric and peculiar atmosphere when light goes through them. The print is more or less translucent depending on the need for light and views, and some surfaces are clear openings that help to understand the perceptive games the building proposes.*

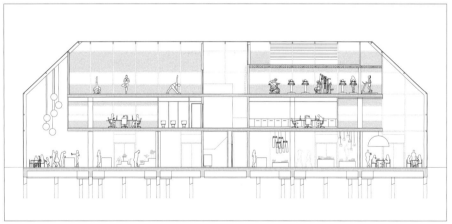

Sección longitudinal Longitudinal section

Planta técnica en cubierta Technical roof plan

+2

+1

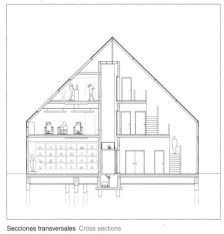

Secciones transversales Cross sections

0   50 m

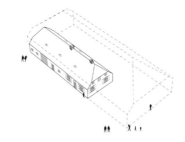

El programa comercial y de ocio del edificio está envuelto por una piel de varias capas de vidrio serigrafiado que imitan las texturas de las granjas vernáculas de la zona y dialogan con su entorno inmediato, reflejándolo.

The retail and leisure program of the building is wrapped in a skin of several layers of glass mimicking the textures of the rural farms in the area, engaging in dialogue with their near environment, reflecting it.

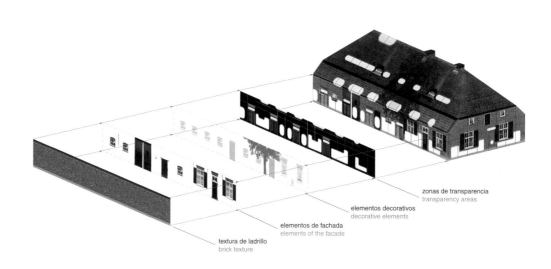

zonas de transparencia
transparency areas

elementos decorativos
decorative elements

elementos de fachada
elements of the facade

textura de ladrillo
brick texture

1 vidrio (e=39,76 mm): vidrio templado exterior de 8 mm, impresión fotorrealista, 15 mm de cámara de aire, borde sellado con silicona, vidrio laminado interior 8.8.2
2 junta de estanqueidad, color negro
3 perno RVS VKK M8x20
4 tira de sujeción de aluminio 4 mm
5 espuma de butilo (d=8 mm)
6 banda EPDM (e=5 mm)
7 pieza de sujeción del cristal de aluminio de 4 mm, 250 mm h.o.h.
8 tornillo de rosca
9 paneles de protección contra el fuego: vidrio templado (e=8 mm), EPS 100 SE (e=120 mm), capa de protección (e=20 mm), chapa aluminio (e=2 mm)
10 cimentación de hormigón
11 tubo de acero (80x80x3)
12 tornillo perforador
13 soporte del vidrio (b=150 mm) de aluminio con bloques de fibra de vidrio y nylon
14 tapajuntas galvanizado

1 *glass (t= 39,76 mm): 8 mm toughened outer pane, photorealistic print, 15 mm gas filled cavity, recessed silicone edge seal, clear laminated inner pane 8.8.2*
2 *weather seal joint, black colour*
3 *RVS Bolt VKK M8x20*
4 *aluminum clamping strip thickness 4 mm*
5 *butyl coated foam (d=8 mm)*
6 *EPDM band 5 mm thick*
7 *Aluminum glass clamp block 4 mm 250 mm h.o.h.*
8 *Tapping screw d=4.8x25*
9 *fireproof cladding panels: 8 mm toughened glass pane, digital printing and cutting edge 2, 120 mm EPS 100 SE, 20 mm, Protective layer, aluminium plate 2 mm*
10 *concrete foundation*
11 *steel tube (80x80x3)*
12 *drilling screw*
13 *aluminum glass support (b=150 mm) with nylon glass block*
14 *galvanized flashings*

El vidrio funciona como un recurso ilusionista para crear percepciones contradictorias sobre el volumen, su escala y sus acabados, y emplea una subestructura imperceptible al exterior con juntas mínimas.

Glass functions as an illusory resource to create contradictory perceptions of volume, scale, and finishes, with a substructure that is practically invisible from the outside, with minimum joints.

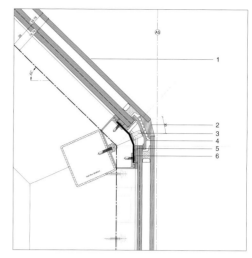

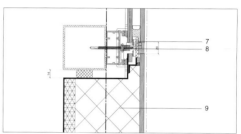

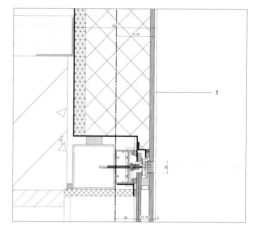

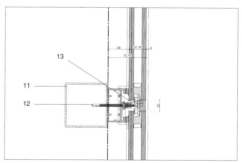

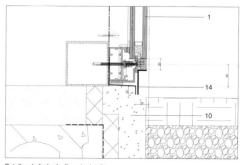

Detalles de fachada Facade details

2012-2016, Amsterdam (Países Bajos *Netherlands*)

Casas de cristal
Crystal Houses

Obra *Work*
Crystal Houses
Cliente *Client*
Warenar Real Estate
Arquitectos *Architects*
MVRDV / Gietermans & Van Dijk
Colaboradores *Collaborators*
Winy Maas with Gijs Rikken, Mick van Gemert,
Marco Gazzola, Renske van der Stoep and Antonio
Luca Coco (MVRDV); Wim Gietermans, Arjan
Bakker, Tuğrul Avuçlu (Gietermans & Van Dijk)
Consultores *Consultants*
Poesia (ladrillos de vidrio *glass brick
manufacturers);* Siko (importador de pegamento
Delo *importer of Delo glue);* Delft University
of Technology (investigación *research);* CIID
(infografías *visualizations)*
Contratista *Contractor*
Wessels Zeist; Brouwer & Kok / ABT
(constructor *constructor)*
Superficie construida *Built-up area*
620 m² (comercio *retail*) + 220 m² (vivienda *housing*)
Fotos *Photos*
Daria Scagliola & Stijn Brakkee (pp. 92, 93, 94, 97
derecha *right);* Poesia (p. 96); TU Delft (p. 97 arriba
y abajo izquierda *top and bottom left);* MVRDV
(pp. 95, 97 centro izquierda *middle left)*

DESTINADO A albergar una tienda insignia en la calle PC Hooftstraat —la avenida de lujo del centro de Amsterdam—, este edificio sustituye a dos antiguas casas tradicionales cuyo volumen ha sido transformado para ampliar el espacio interior y adecuarlo al uso comercial. El nuevo diseño reproduce la composición original para no renunciar a las características propias de su arquitectura, pero trata de otorgarle una imagen más actual, para lo cual hace uso del vidrio como recurso de reproducción contemporánea. Así, la nueva fachada es una adaptación formal y material de la versión original. Ya que el volumen construido se modifica para adaptarse a la normativa vigente, la fachada se escala para mantener la composición de los elementos originales. De la misma forma, el vidrio se aplica en forma de ladrillos, por lo que, pese a cambiar su materialidad, el proceso constructivo es similar. Por otro lado, el frente se compone como un degradado que parte de los ladrillos translúcidos y va cambiando hasta ladrillos cerámicos, haciendo visualmente permeables las plantas inferiores y protegiendo las superiores. Para conseguir la máxima transparencia en el muro de vidrio, la Universidad de Delft y las constructoras desarrollaron un pegamento transparente de alta resistencia adherido mediante radiación ultravioleta.

DESIGNED TO *house a flagship store on PC Hooftstraat – Amsterdam's luxury brand street, which used to be mainly residential –, this building replaces two traditional houses, transforming their volume to increase the interior space and adapt it to retail purposes. The new design mimics the original composition, but pursues a more current image by using glass extensively as a contemporary reproduction technique. In this way, the new facade is a formal and material adaptation of the original version. Since the built volume is modified to comply with regulations, the facade is stretched to maintain the composition of the original elements. Furthermore, the glass is layered just like bricks, so though the material quality changes, the building process is similar. The solid glass bricks stretch up the facade, gradually dissolving into a traditional terracotta brick envelope, making the lower floors visually permeable and protecting the upper ones that contain apartments. To obtain maximum transparency, the Delft University of Technology and the contractors developed a high-strength, UV-bonded, transparent adhesive to cement the bricks together without the need for a more traditional mortar.*

Fachada original
Original facade

Situación previa
Previous situation

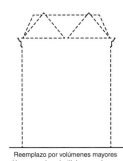

Reemplazo por volúmenes mayores
Houses replaced with larger volumes

Antigua fachada reconstruida en vidrio
Old Pleiter facade rebuilt in glass

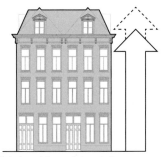

Fachada escalada para ajustarse al volumen
Facade stretched to fit new volume

Degradado de cerámica a vidrio
Glass to terracota brick gradient

Frente a la tendencia de homogeneizar el carácter de las calles comerciales de las ciudades, la reconstrucción de estas dos casas en la PC Hooftstraat de Amsterdam defiende la conservación y la reinterpretación de la construcción local.

Avoiding the loss of local character in shopping streets in cities, the reconstruction of these two houses on Amsterdam's PC Hooftstraat defends preservation and reinterpretation of local construction.

Alzado urbano Urban elevation

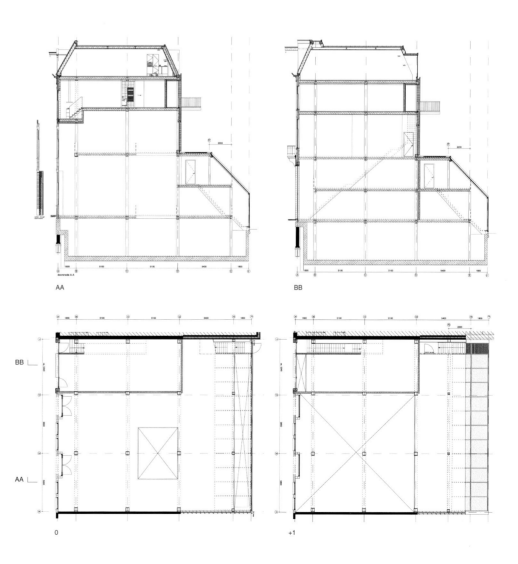

AA

BB

BB

AA

0

+1

Diferentes tipos de ladrillo de vidrio macizo, conformados uno a uno y pegados mediante un adhesivo de curado con radiación ultravioleta, se emplean para reproducir las formas y los detalles de la fachada original.

The facade is built with different types of solid glass blocks, manufactured one by one and UV-bonded with a high-resistance clear adhesive to reproduce the forms and details of the original facade.

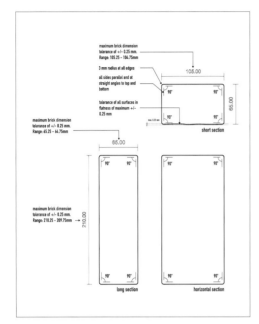

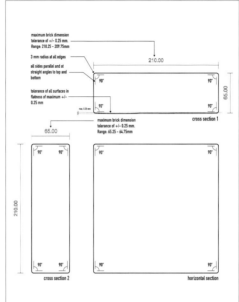

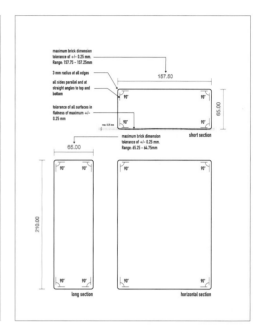

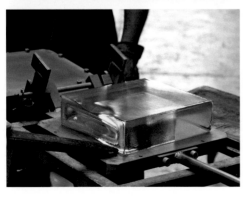

Al tratarse de un sistema constructivo innovador, el proyecto ha requerido un equipo multidiciplinar formado por artesanos e investigadores para desarrollar desde el prototipo inicial hasta las pruebas de carga finales.

The new construction methods required a team of experts from a range of fields including craftsmen and researchers, who worked throughout the different project stages, from the initial prototype to the final strength tests.

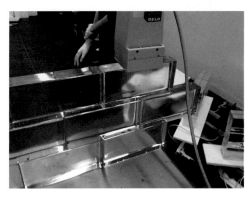

Mundos cromáticos

El color es una herramienta sencilla con la que los arquitectos pueden romper la monotonía de un entorno que a menudo se construye con excesiva sobriedad y homogeneidad. La mezcla cromática caracteriza muchas de las obras de MVRDV, y se emplea con diversos propósitos en los cinco proyectos que se recogen aquí. Por un lado, los colores de las viviendas de Hageneiland sirven como elemento diferenciador en un paisaje uniforme de casas idénticas, mientras que el azul intenso del ático Didden Village convierte a este añadido en un reclamo del incremento de densidad. Por su parte, el centro contra el cáncer de Amsterdam y el edificio Chungha en Seúl emplean los colores como el mecanismo estético con el que construir sus fachadas de forma rápida y económica. Finalmente, el plan de Funari, en Mannheim, propone un gran espectro de tonalidades para enriquecer las opciones de customización de viviendas industrializadas que ofrece la empresa Traumhaus.

Colorful Worlds

Color is a simple tool that architects can use to break the monotony of an urban environment that is often built with excessive sobriety and uniformity. Chromatic mix characterizes many of MVRDV's works, which pursue different objectives in the five projects included in this section. On one hand, the colors of the houses of Hageneiland serve as a differentiating element in an even landscape of identical houses, while the bright blue tone of the Didden Village attic turns this addition into a call for increased density. For their part, the Cancer Center in Amsterdam or Chungha building in Seoul use colors as an aesthetic mechanism to build the facades quickly and economically. Finally, the Funari plan, in Mannheim, proposes a broad color palette to offer a large range of customization options to meet the needs of residents of the industrialized homes developed with housing producer Traumhaus.

2000-2003, La Haya (Países Bajos) *The Hague (Netherlands)*

Viviendas Hageneiland
Hageneiland Housing

Obra *Work*
119 family houses in Hageneiland
Cliente *Client*
Amvest Vastgoed
Arquitectos *Architects*
MVRDV
Colaboradores *Collaborators*
Winy Maas, Jacob van Rijs, Nathalie de Vries and
Tom Mossel, Carolien Ligtenberg and Christelle Guald
(fase de concurso *competition phase*); Renske van
der Stoep, Bart Spee, Tom Mossel, Frans de Witte,
Carolien Ligtenberg (fase de diseño *design phase*)
Consultores *Consultants*
ABT (estructura *structure*); Bureau Bouwkunde
(instalaciones e infraestructura *facilities*)
Fotos *Photos*
Rob't Hart

En un entorno residencial de macromanzanas, en el sureste de La Haya, estas 37 piezas arquetípicas generan un pequeño barrio multicolor en los terrenos que albergaron en el pasado un aeródromo. El proyecto, diseñado como una isla peatonal, materializa un entorno de escala doméstica al que se accede tras abandonar el automóvil en el perímetro de la manzana.

Con una disposición de parcelas en cuatro franjas de idéntica anchura, los distintos volúmenes se desplazan unos respecto a otros rompiendo la linealidad de las hileras. Es este desplazamiento el que determina el carácter global de la propuesta, al generar una serie de espacios exteriores que, en función de su orientación, transforman su uso y apariencia. Surgen así jardines enfrentados a cada pieza que, enriquecidos por las visiones en diagonal del vecindario y alternando pavimentos y césped, acogen pequeñas construcciones miméticas de las viviendas, que se utilizan como cuartos trasteros o invernaderos. Aglomerado de cemento, ripias de madera o aluminio se van alternado para revestir exteriormente las piezas, prolongando el material de la fachada a la cubierta o viceversa. En el interior, las 119 unidades son sencillas y diáfanas, permitiendo que los usuarios reinterpreten sus propias casas.

In a residential *environment of macroblocks, these 37 pieces create a small multicolor neighborhood within a larger one, on grounds that had once served as an airfield. The project, designed as a pedestrian island, materializes a place with a domestic scale which may be accessed after leaving the car on the block's perimeter.*

With a distribution of plots in four rows of the same width, the different volumes are separated from one another breaking the linearity of the original rows. This separation between houses is precisely what determines the general character of the proposal, by generating a series of exterior spaces which, depending on their orientation, are able to transform use and appearance. So emerge gardens alongside each house, which enhanced by the diagonal views onto the neighborhood and alternating garden paths and grass, take in constructions that imitate the dwellings themselves, which are used as storerooms and greenhouses. Cement, wood, and aluminum are combined to clad the exterior of the volumes, that set themselves apart from the archetypal image of the house by extending the facade material onto the tilted roof. In the interior, the 119 units are simple and open-plan, so that users can reinterpret their own homes.

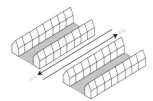

La alternancia de colores y revestimientos en las sucesivas piezas y el desplazamiento en planta de fragmentos de hileras transforman la ordenación tradicional de viviendas adosadas en un barrio singular y heterogéneo.

The interchanging colors and claddings of the volumes, and the shifting on plan of row fragments transform the traditional layout of semidetached houses into a singular and mixed neighborhood.

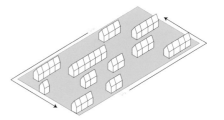

La propuesta juega con la imagen de la casa que forma parte del imaginario colectivo: el tradicional arquetipo unifamiliar con cubierta a dos aguas cambia su apariencia en función de los distintos materiales utilizados.

The proposal plays with this image of the house that forms part of the collective imagination: the traditional family archetype with a pitched roof changes its appearance depending on the materials used.

Planta de situación Site plan

El patrón de diversidad se combina con otro de homogeneidad, patente en un único módulo de puertas y ventanas común a todas las viviendas, lo que confiere al conjunto una imagen al mismo tiempo uniforme y variada.

The pattern of diversity is combined with another one of homogeneity, evident in the single model for doors and windows in all the houses, which gives the complex an image that is at once unified and varied.

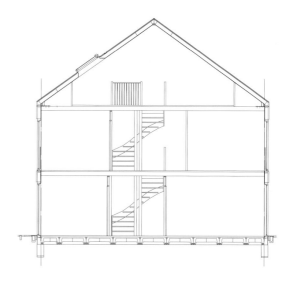

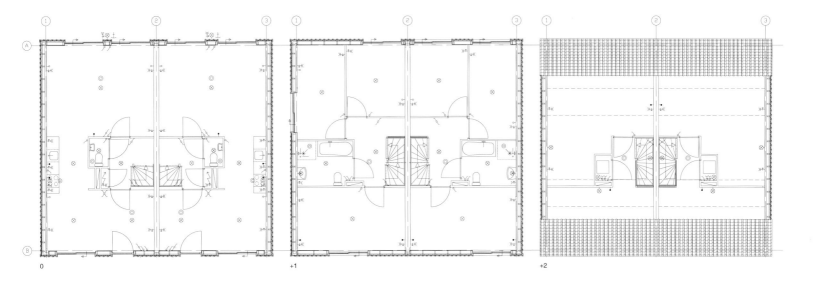

0   +1   +2

Los sucesivos cortes en las hileras originan viviendas adosadas, pareadas o aisladas, que se revisten con aluminio, aglomerado de cemento, poliuretano, madera o teja; las casetas de jardín son réplicas reducidas de las casas.

The displacement of the rows produce attached, semidetached or single housing units – clad in cement, ceramic tile, wood or sheet – which are echoed in the small storerooms or greenhouses beside them.

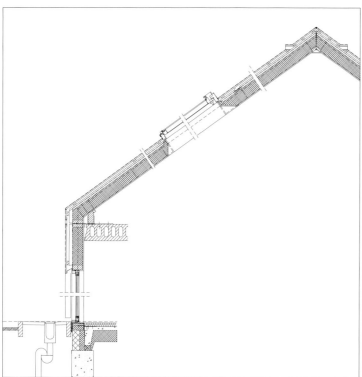

Sección de envolvente de poliuretano Polyurethane envelope section

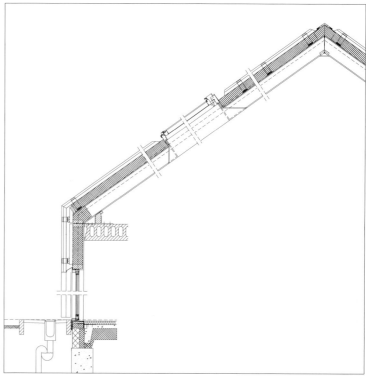

Sección de envolvente de aluminio Aluminum envelope section

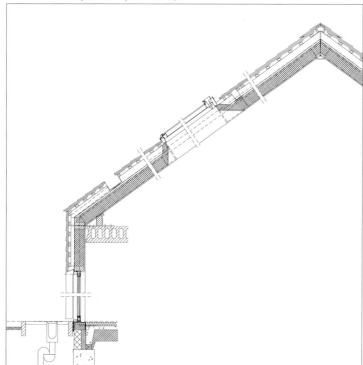

Sección de envolvente de madera Wooden envelope section

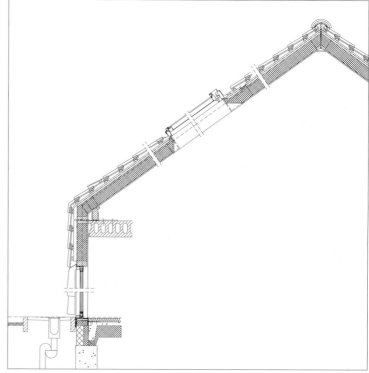

Sección de envolvente de tejas Ceramic tiles envelope section

Ático Didden Village
Didden Village Attic

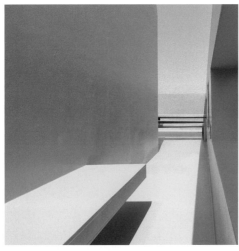

Obra *Work*
Didden Village
Cliente *Client*
Didden family
Arquitectos *Architects*
MVRDV
Colaboradores *Collaborators*
Winy Maas with Anet Schurink, Marc Joubert, Fokke
Moerel, Ivo van Cappelleveen
Consultores *Consultants*
Pieters Bouwtechniek (estructura *structure*); Verheul
Trappen (escaleras *stairs*); Kunststof Coatings
Nederland (acabado azul *blue finish*)
Contratista *Contractor*
Formaat Bouw
Superficie construida *Built-up area*
45 m² (interior *interior*) + 120 m² (terraza *terrace*)
Fotos *Photos*
Rob't Hart

LA AMPLIACIÓN de este ático en la ciudad de Rotterdam abre una vía de exploración para la densificación de la ciudad a través del incremento de la capacidad espacial de la construcción preexistente. El color y la textura se convierten en aspectos clave, al marcar una clara diferencia entre lo viejo y lo nuevo. La intervención se desarrolla sobre la última planta de un edificio histórico, liberándola casi totalmente de particiones verticales, y añade sobre ella un nuevo nivel —accesible a través de dos cuerpos de escaleras de caracol colgadas— con dos prismas que imitan pequeñas casas arquetípicas. La disposición de estos volúmenes busca asegurar, por un lado, la privacidad de ambas habitaciones, de forma que sus huecos se abren hacia diferentes orientaciones; y, por otro lado, atiende al reparto del espacio negativo entre ellos para crear varias estancias diferentes en la terraza. De esta forma, el nivel superior adopta la escala de un pequeño pueblo con varias plazas, calles y pasadizos, rodeado por un peto continuo que enmarca las vistas sobre la ciudad a través de diversos huecos emplazados estratégicamente por todo el perímetro. El volumen superior, con su acabado continuo de poliuretano azul intenso, se convierte en un llamamiento a la redensificación de la ciudad.

THE EXTENSION *of this attic in the city of Rotterdam opens up an exploration path for the densification of cities, based on the expansion of the area of the existing historic house and atelier. Color and texture become key aspects, because they establish a clear distinction between old and new. The project works on the top floor of a historic building, removing almost all vertical partitions and adding a new level – accessible via two hanging spiral staircases – with two separate prisms designed as small archetypal houses that create a sort of village on top of the building. The position of these volumes seeks to ensure, on one hand, privacy in both bedrooms, so their windows face different aspects; and, on the other hand, to distribute the negative space between them to create a variety of areas on the rooftop terrace. In this way, the upper level takes on the scale of a small town with plazas, streets, and alleys, surrounded by continuous parapet walls that frame the views of the city through windows strategically placed around the perimeter. The top volume creates a sort of crown on top of the house, and with its bright blue polyurethane coating it becomes a prototype for future initiatives to densify the city fabric.*

La ampliación sirve como un prototipo para la futura densificación de la ciudad existente; en su diseño se han tanteado los costes de la construcción para que, en último término, el importe total sea inferior al precio del suelo equivalente.

The addition serves as a prototype for the further densification of the existing city; it explores the price of the construction elements and remains lower in cost than the equivalent ground price for the building.

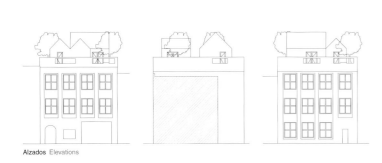

Alzados Elevations

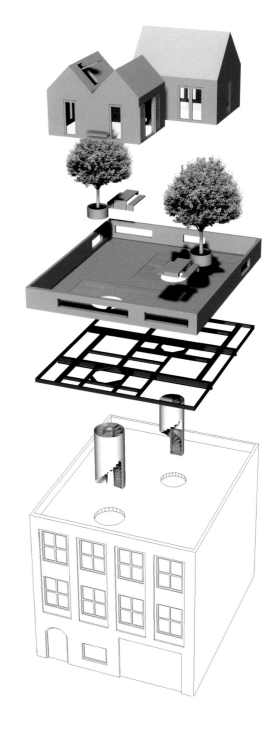

El piso existente y las dos casas del nuevo ático se comunican a través de sendas escaleras de caracol de original diseño que cuelgan de la parrilla de vigas dispuesta bajo la ampliación y que sirve como refuerzo estructural.

The existing apartment and the two houses built on the new rooftop extension are connected by two spiral staircases that hang from the grille placed below the extension and that offers structural reinforcement.

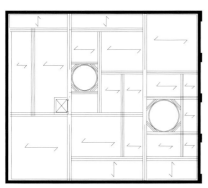

Planta de estructura intermedia Floor plan of intermediate structure

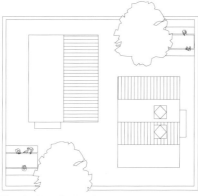

Planta de cubiertas Roof floor plan

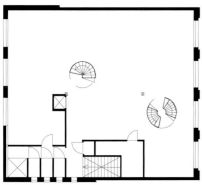

Planta de apartamento Floor plan of apartment

Planta de la ampliación en el ático Floor plan of attic extension

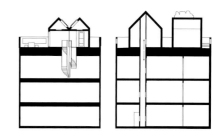

2005, Amsterdam (Países Bajos *Netherlands*)
Centro de investigación contra el cáncer
Cancer Center Amsterdam (CCA)

Obra Work
CCA (Cancer Centre Amsterdam)
Cliente Client
Cancer Centre Amsterdam
Arquitectos Architects
MVRDV
Colaboradores Collaborators
Jacob van Rijs with Stefan de Koning
Consultores Consultants
Gertjan Trommelen —Deerns Raadgevende
Ingenieurs— (gestión de proyecto *project
management*); De Meeuw (estructuras *structural
engineer*); GTI zuid (ingeniería mecánica *mechanical
engineer*); Heijmans (estructura *structure*)
Superficie construida Built-up area
6000 m²
Fotos Photos
Rob't Hart

EL CENTRO de investigación contra el cáncer, situado en el distrito de Zuidas en Amsterdam, debía renovar sus instalaciones. Para no interrumpir la actividad durante el proceso, se planificó la construcción de un edificio temporal a partir de módulos prefabricados en el límite norte de la misma manzana. El estrecho emplazamiento, junto a la autopista A19, exigía un volumen en altura que salvase, además, un pequeño curso de agua en el borde de la parcela.

El proyecto, que se completó en tan sólo un año, se concibe como un conjunto de contenedores apilados. Los cinco niveles de cajas que contienen los laboratorios se apoyan sobre una estructura de pilotes que libera el nivel inferior del edificio, permitiendo el acceso desde abajo. En lugar de situarse en una posición anexa, los núcleos de comunicación se incluyen dentro del prisma para enfatizar la imagen de compacidad. A este efecto también contribuye el tratamiento de la cubierta que se cierra mediante la misma chapa metálica para ocultar los aparatos de instalaciones. El color juega un papel fundamental en el proyecto, ya que aumenta la visibilidad del edificio desde la autopista. Además, los contenedores pintados en tonalidades rojas dibujan las siglas CCA a gran escala, lo que permite identificar el centro desde lejos.

SO AS NOT TO *interrupt working activity during the renovation and extension of the Cancer Center Amsterdam, the studio planned the construction of a temporary building made from prefabricated containers on the northern edge of the same block, within the Zuid-as Development Zone in Amsterdam. The tight location, next to highway A19, demanded a high-rise volume spanning a small watercourse.*

The project, completed in just one year, is conceived as a series of containers that are stacked forming a larger volume. The five levels of boxes containing the laboratories rest on a structure of columns that frees up the lower level of the building, giving access from below. Instead of being adjacent, the communication cores are placed within the prism to emphasize the compact image of the whole. This effect is further stressed by the design of the roof, which is closed with the same metallic sheet to conceal the systems. Color plays a key role in the project, because it increases the institute's visibility from the busy highway, providing the opportunity to attract attention to its activity. Moreover, the containers in red hues trace a huge CCA sign, making the building easily recognizable from afar.

Construido en tan sólo un año, el proyecto se pensó como estructura temporal durante el proceso de renovación del centro de investigación contra el cáncer de Amsterdam, pero se mantuvo una vez terminadas las obras.

Built in just one year, the project was initially planned as a temporary structure during the renovation and extension of the Cancer Center Amsterdam, but it was maintained after the construction works ended.

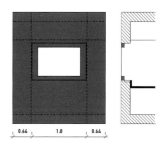

0.64   1.8   0.64

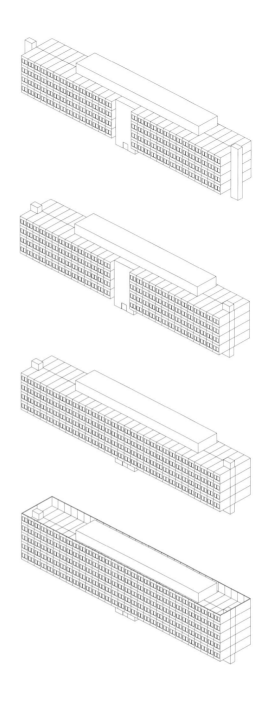

Tanto las instalaciones como los accesos o los sistemas de comunicación se integran en el interior del paralelepípedo, de manera que el edificio replica a gran escala la volumetría de los prismas que lo componen.

All the installations, accesses, and communication systems are embedded in the building so that it reproduces, at a large scale, the volume of the prisms that make up the whole center.

Los colores, en gamas de azul y rojo, aumentan la visibilidad del edificio desde la carretera, convirtiendo la fachada en un gran rótulo pixelado donde se pueden leer las siglas CCA (Cancer Center Amsterdam).

The colors, in shades of blue and red, increase the visibility of the building from the highway, turning the facade into a huge pixelled sign where one can read CCA, standing for Cancer Center Amsterdam.

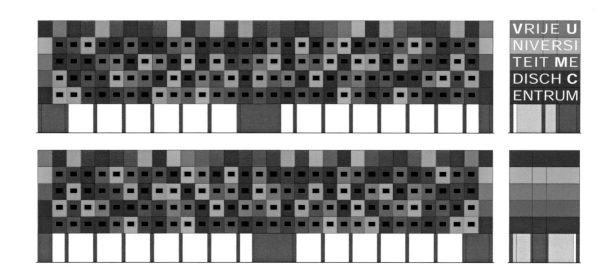

2013, Seúl (Corea del Sur) *Seoul (South Korea)*

Edificio Chungha
Chungha Building

Obra *Work*
Chungha Building
Cliente *Client*
Woon Nam Management
Arquitectos *Architects*
MVRDV / InC Design Group
Colaboradores *Collaborators*
Jacob van Rijs with Fokke Moerel, Kyosuk Lee,
Daehee Suk, Sara Bjelke, Ferdjan van der Pijl
Consultores *Consultants*
1'st Structure (estructura *structure*); Total LED
(iluminación *lighting*); M&S Ceramic (piezas
cerámicas *ceramic tiles*)
Contratista *Contractor*
Ain Construction
Superficie construida *Built-up area*
2820 m² (tiendas, oficinas, cafetería *shops, offices, café*)
Fotos *Photos*
Kyungsub Shin

En EL LUJOSO barrio de Gangnam —mundial-mente famoso gracias al éxito del hit 'Gangnam style'—, el edificio Chungha se había quedado anticuado debido a la proliferación de nuevos establecimientos y tiendas de moda. El bloque en esquina, de cinco plantas, estaba ocupado por diferentes empresas con requerimientos e imágenes distintas. La renovación, que se completó en tan sólo nueve meses, parte de un concepto sencillo: crear una identidad múltiple que permita a cada empresa tener su propio espacio de exhibición pero que mantenga el carácter unitario del conjunto.

Sobre la fachada existente se adosa un mosaico de escaparates que amplían el espacio interior hasta dos metros y medio. El perímetro de estos marcos se ilumina con luces LED que cambian de color transformando la apariencia del edificio y adaptándose a la identidad de cada marca. Desde lejos, el revestimiento, formado por pequeñas baldosas, parece piedra blanca; mientras que a escala cercana se aprecia un patrón geométrico que imita la espuma. Este mismo dibujo continúa en los vidrios transparentes generando una apariencia acuosa. En el nivel superior se construye una terraza, con una superficie de 2.820 metros cuadrados, donde se sitúa una cafetería con espacios al aire libre.

THE BRIEF *called for the renovation of Chungha Building in Seoul's Gangnam neighborhood – world famous after the success of the hit 'Gangnam Style.' Even though the building was completed not so long ago, it was already outdated in a street dominated by new shops and flagship stores. The five-story corner block was occupied by businesses and brands with different needs and image. The transformation was completed in just 9 months, taking a simple concept as starting point: to create a multiple identity allowing each company to have its own display space but maintaining the unitary character of the whole.*

The solution was to attach a mosaic of shop windows that extend the interior space up to 2,5 meters. The perimeter of these curvaceous frames is illuminated with LED lights that change color transforming the building's appearance and adapt to the identity of each brand. The exterior facade tiles resemble smooth white stone from afar and white foam in a geometric pattern from up close, and this same pattern continues in the transparent glass surfaces, generating a watery appearance. The top floor is turned into a café with outside terraces, adding up a total surface of 2,820 square meters.

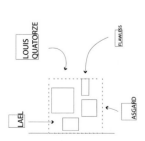

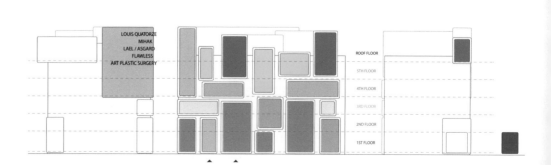

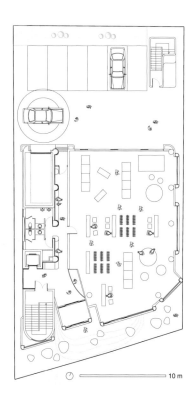

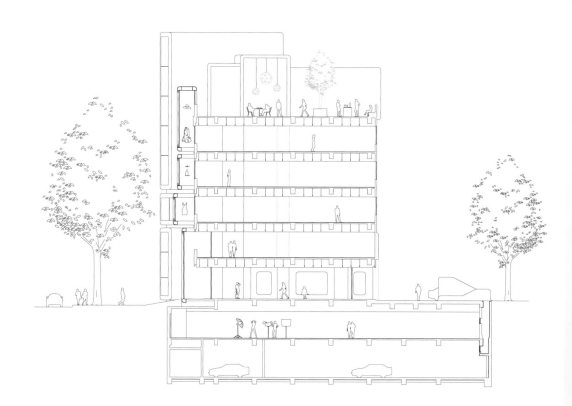

La fachada del edificio Chungha, en el barrio comercial de Gangnam, se renueva mediante un mosaico de escaparates que cambian de color, transformando la imagen de cada tienda o del edificio en su conjunto.

The facade of Chungha Building, in the retail district of Gangnam, is renewed with a mosaic of shop windows that change color, transforming the image of each shop and the overall appearance of the building.

01 CUTTING PARAPET   02 AFTER CUTTING PARAPET   03 ATTACHING BOX

04 CLOSING FACADE   05 INNER GLASS   06 OUTER GLASS

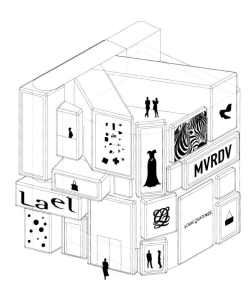

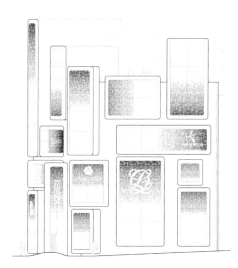

Preexistencia Preexisting building

Renovación Renovation

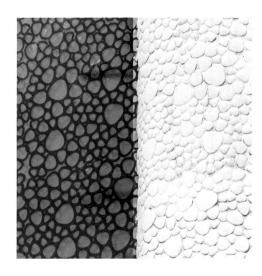

2015-, Mannheim (Alemania *Germany)*

Masterplan Traumhaus Funari
Traumhaus Funari Masterplan

Proyecto *Project*
Traumhaus Funari Residential Masterplan
Cliente *Client*
Traumhaus
Arquitectos *Architects*
MVRDV
Colaboradores *Collaborators*
Winy Maas with Jeroen Zuidgeest, Markus Nagler,
Johannes Pilz, Christine Sohar, Philipp Kramer,
Paul Dolick, Antonio Luca Coco, Matteo Artico
Superficie construida *Built-up area*
27000 m²

EL DISTRITO de Funari forma parte del plan de regeneración del antiguo cuartel Benjamin Franklin de Mannheim, levantado tras la II Guerra Mundial y activo hasta 2012. El masterplan de Funari comprende la transformación de 27.000 metros cuadrados en una zona residencial con jardines y zonas públicas. Las viviendas propuestas son variaciones de los diseños previos de la compañía de casas prefabricadas Traumhaus, encargada de la construcción. Ya que la prefabricación permite asegurar una alta calidad constructiva a precios asequibles, el verdadero reto del proyecto consiste en crear diversidad en el tejido y en mejorar la red de espacios verdes públicos y privados asociados a las viviendas. Para ello, se plantea un catálogo tipológico con unidades que se adaptan a situaciones familiares diferentes, integrando a una gran variedad de usuarios, y que incluye desde casas unifamiliares a bloques de apartamentos para estudiantes y ancianos. El uso de varios colores y acabados exteriores (ladrillo, madera, hormigón o metales) también diversifica la construcción. Distribuidas como un pequeño 'pueblo' peatonal, las casas se acompañan de jardines privados cuya tipología pueden elegir los usuarios. Estos espacios permanecen abiertos hacia un parque público por lo que funcionan como extensiones del mismo.

THE FUNARI *district is included in a major redevelopment of the old Benjamin Franklin barracks in Mannheim, built after World War II and in use until 2012. The Funari masterplan foresees the design of 27,000 square meters of housing, gardens, and public spaces. The houses proposed are variations of earlier designs by Tramhaus, a company that produces low-cost prefabricated housing. Since prefabrication guarantees building quality at reasonable prices, the project's true challenge was to promote diversity in the urban fabric and improve the network of public and private green spaces associated to the houses. To achieve this, the project proposes a typological catalogue with units that adapt to different types of family groups and includes a large variety of potential users, so there are individual houses and also apartment blocks for students or the elderly. The use of different exterior finishes and colors (brick, wood, metal or concrete) also favors diversity in construction. Distributed to create a small pedestrian 'village,' each house has its own private garden whose typology is chosen by users, and which is really an extension of the park that permeates the site.*

El plan de viviendas para el distrito de Funari, en Mannheim, busca crear un tejido demográfica y tipológicamente diverso mediante un catálogo de casas prefabricadas y jardines que los usuarios pueden elegir.

The housing plan for Funari district in Mannheim seeks creating an urban fabric that is diverse both demographically and typologically, with different housing and garden types that users can choose.

YOUNG FAMILY — SINGLES — LARGE FAMILY — ECO FAMILY — STUDENTS — INDIVIDUALISTS

STUDENTS — URBAN FARMERS — DINKIES — EXPATS — SELF-BUILDERS — ELDERLY AND HANDICAPPED

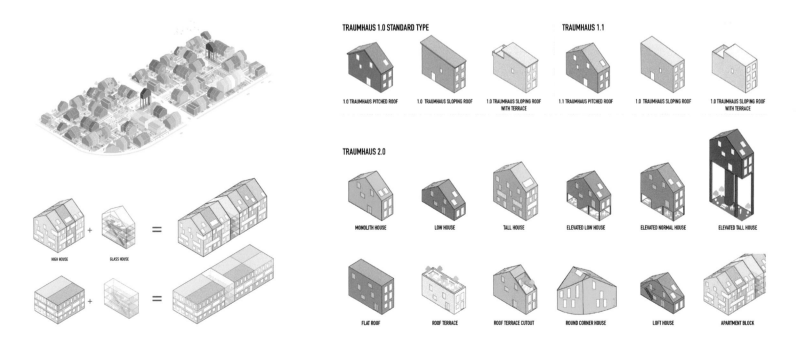

HIGH HOUSE + GLASS HOUSE =

TRAUMHAUS 1.0 STANDARD TYPE

1.0 TRAUMHAUS PITCHED ROOF — 1.0 TRAUMHAUS SLOPING ROOF — 1.0 TRAUMHAUS SLOPING ROOF WITH TERRACE

TRAUMHAUS 1.1

1.1 TRAUMHAUS PITCHED ROOF — 1.0 TRAUMHAUS SLOPING ROOF — 1.0 TRAUMHAUS SLOPING ROOF WITH TERRACE

TRAUMHAUS 2.0

MONOLITH HOUSE — LOW HOUSE — TALL HOUSE — ELEVATED LOW HOUSE — ELEVATED NORMAL HOUSE — ELEVATED TALL HOUSE

FLAT ROOF — ROOF TERRACE — ROOF TERRACE CUTOUT — ROUND CORNER HOUSE — LOFT HOUSE — APARTMENT BLOCK

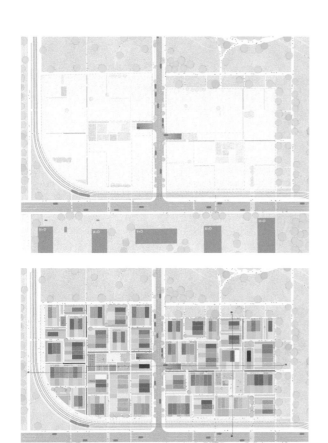

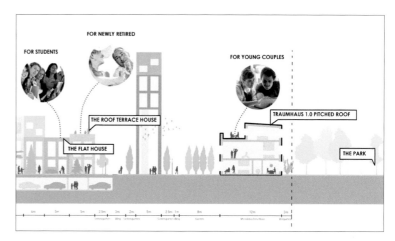

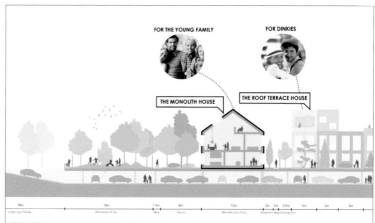

Formando pequeñas agrupaciones de unidades, el conjunto adopta la escala de un pueblo en el que los límites entre los jardines públicos y privados desaparecen para crear una extensión verde continua y permeable.

Through small housing groups the residential complex takes on the scale of a town in which the boundaries between public and private gardens disappear in favor of a continuous and permeable park.

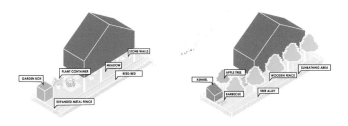

Diseño estándar de Traumhaus
Traumhaus standard design

Casa con forjados abiertos
Open house

Casa individualizada
Individualized house

Casa futurista
Futuristic house

Lugares lúdicos

Contemplar las vistas de Omotesando desde
las terrazas de un centro comercial, colum-
piarse bajo el voladizo de una casa de vacaciones en la pradera, entrar al museo del
cómic a través de un 'bocadillo' de texto en
tres dimensiones, vivir la experiencia de ser
una estrella del rock o acceder a una biblioteca mediante huecos que imitan las formas
vernáculas del lugar: tales son las maneras
en que los proyectos de MVRDV consiguen
enriquecer la experiencia de visitar un edificio. La dimensión lúdica de la arquitectura
puede generar un efecto llamada o funcionar
como un motor capaz de reactivar el entorno,
unas cualidades que reúnen proyectos tan
diferentes como los que se muestran a continuación: el edificio comercial Gyre Tokyo,
en Japón; la pequeña casa Balancing Barn
en Suffolk, Reino Unido; el Museo Chino
del Cómic y la Animación en Hangzhou; el
centro Rockmagneten y su respectivo Museo
Danés del Rock, en Roskilde; y el futuro centro cultural de Zaanstad, en los Países Bajos.

Leisure Land

*Enjoying sights of Omotesando from
the decks of a shopping center, swinging
under the cantilever of a summer house
in the countryside, walking into the comic
museum through a 3D speech 'balloon,'
living the experience of being a rock
star, or going into a library through
openings that imitate the vernacular
forms of the place: so are ways in which
MVRDV's projects manage to enrich the
experience of visiting a building. The ludic
dimension of architecture can generate
a call effect or function as an engine
capable of reactivating the environment,
qualities found in projects as varied as
those featured next: the Gyre Tokyo retail
building, in Japan; the small Balancing
Barn in Suffolk, United Kingdom; the
China Comic and Animation Museum
in Hangzhou; Rockmagneten and the
Danish Rock Museum in Roskilde; and
the future cultural center of Zaanstad,
in the Netherlands.*

2005-2007, Tokio (Japón) *Tokyo (Japan)*

Edificio Gyre Tokyo
Gyre Tokyo

Obra *Work*
Gyre Tokyo Omotesando
Cliente *Client*
Mitsubishi Corporation UBS Realty (cliente del
concurso *client for competition);* Takenaka (cliente en
fase de diseño *client for design phase)*
Arquitectos *Architects*
MVRDV / Takenaka
Colaboradores *Collaborators*
Jacob van Rijs, Nathalie de Vries and Winy Maas with
Stefan Witteman, Stefan de Koning, Chris Lai, Nacho
Gonzalez, Rosa Llados, Julia Sulzer, Morgan Jacobsen
Consultores *Consultants*
Takenaka (estructura *structure)*
Superficie construida *Built-up area*
9000 m²
Fotos *Photos*
Rob't Hart

EN CONTRASTE con las construcciones bajas más tradicionales del lujoso distrito de Omotesando, en Tokyo, los edificios contemporáneos que se han desarrollado más recientemente en la zona son cajas minimalistas que destacan, además de por tener mayor altura, por sus finas y elegantes fachadas. Muchos de ellos funcionan como tiendas insignia de grandes marcas de moda y focalizan su atención en la imagen y los materiales. Como reacción a este contexto, este centro comercial de mediano tamaño propone abrirse hacia la calle y toma como eje de su diseño el movimiento vertical de los visitantes, anteponiendo la dimensión pública a su imagen.

El edificio integra varias vías de comunicación conectadas con la calle y totalmente abiertas al público que serpentean a su alrededor. El volumen se forma como una superposición de pisos que van girando sobre un atrio central, creando terrazas apiladas en las dos fachadas laterales. Cada uno de estos frentes aterrazados se conectan verticalmente por medio de ascensores y escaleras mecánicas, creando dos rutas paralelas. En cada planta, un recorrido interior las conecta a través de las tiendas. Así, el centro comercial funciona como un condensador de la vida pública, enriqueciendo su actividad y ofreciendo una visión totalmente diferente sobre el entorno.

IN CONTRAST *with the low-rise traditional constructions in the high-end Omotesando district, contemporary buildings raised recently in the area are minimalist boxes that stand out for their height and for their slender and elegant facades. Many of them are flagship stores of big fashion brands and focus their attention on the image and the materials, concentrating on aspects such as the quality of the skins. As a reaction to this context, this mid-size shopping center proposes opening up to the street and focuses on the vertical movement of visitors, giving more importance to its public dimension than to its image.*

The building includes several circulation paths wrapped around it, connected to the street and totally open to the public. By gradually twisting the floor plates around a central atrium a series of terraces emerge, connected by stairs and elevators that are positioned outside the volumes, creating two parallel routes. These two public routes are connected via shops at every level throughout the block. The shopping center functions in this way as a condenser of public life, enriching its activity and offering a completely different vision of the environment.

Situación Site plan

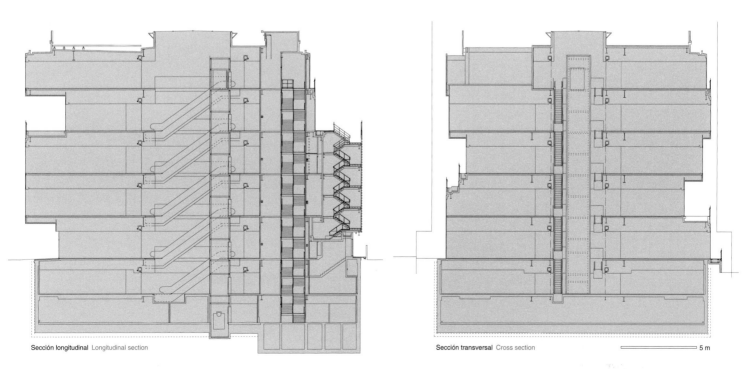

Sección longitudinal Longitudinal section

Sección transversal Cross section

5 m

En el popular y exclusivo distrito de Omotesando, el edificio destaca sobre su contexto al invitar a los viandantes a escalar por las rutas que tallan sus fachadas y que funcionan como un recorrido público de calles verticales.

In the popular and exclusive district of Omotesando, the building stands out because it invites visitors to climb up the paths that carve its facades and that function as a public itinerary of vertical streets.

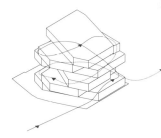

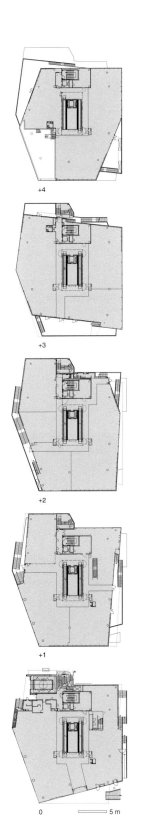

+4

+3

+2

+1

0   5 m

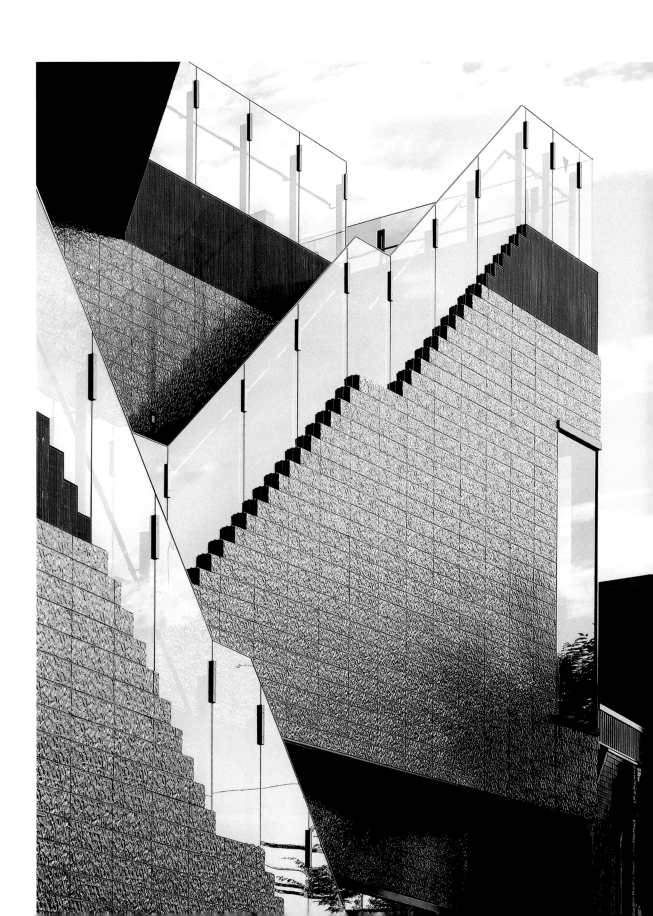

2007-2010, Suffolk (Reino Unido *United Kingdom*)
Casa Balancing Barn
Balancing Barn

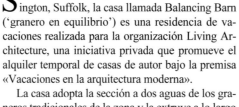

Obra *Work*
Balancing Barn
Cliente *Client*
Living Architecture
Arquitectos *Architects*
MVRDV / Mole architects
Colaboradores *Collaborators*
Winy Maas with Frans de Witte and Gijs Rikken
Consultores *Consultants*
The Landscape Partnership (paisajismo *landscape architects*); Jane Wernick associates (estructura *structure*); Studio Makkink & Bey (interiorismo *interior design*); Gijs Rikken (arte *artist impressions*)
Superficie construida *Built-up area*
210 m²
Fotos *Photos*
Chris Wright (p. 132 arriba *top*); Living Architecture (pp. 132 abajo *bottom*, 133, 135, 136 arriba y abajo izquierda *top and bottom left*, 137 arriba *top*); Edmund Sumner (pp. 134, 136 abajo derecha *bottom right*, 137 abajo *bottom*)

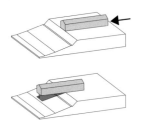

Sᴵᴛᴜᴀᴅᴀ ᴇɴ la campiña inglesa cerca de Thorington, Suffolk, la casa llamada Balancing Barn ('granero en equilibrio') es una residencia de vacaciones realizada para la organización Living Architecture, una iniciativa privada que promueve el alquiler temporal de casas de autor bajo la premisa «Vacaciones en la arquitectura moderna».

La casa adopta la sección a dos aguas de los graneros tradicionales de la zona y la extruye a lo largo de su eje longitudinal hasta formar una gran nave de treinta metros que vuela sorprendentemente sobre el terreno en pendiente. Desde la carretera de acceso, la construcción parece una pequeña cabaña, pero el paseo que lleva hacia ella ofrece una perspectiva lateral del enorme voladizo de quince metros. Esta disposición sobre el terreno permite a los visitantes experimentar el entorno de forma lineal: en la entrada y las estancias sucesivas, las habitaciones se comunican con el jardín en el plano del suelo, mientras que, al seguir avanzado, éste baja progresivamente hasta que la casa parece flotar entre las copas de los árboles. Esta impresión se evidencia en el extremo suspendido mediante un hueco transparente en el pavimento. La sección anclada al suelo emplea materiales más pesados que la estructura en voladizo, que está compensada por un núcleo central de hormigón.

Bᴀʟᴀɴᴄɪɴɢ Bᴀʀɴ *is situated in the English countryside near Thorington in Suffolk. It is a summer residence built for Living Architecture, a company that offers temporary rentals of signature houses, under the motto "Holidays in modern architecture."*

The house adopts the pitched section of the traditional barns in the area and extrudes it until it forms a long, thirty-meter shed that at midpoint starts to cantilever over the descending terrain. From the road the Barn looks like a small cabin, and only when reaching the end of the track do visitors become aware of the full length of the volume and the fifteen meter cantilever. This arrangement on the terrain lets visitors experiment the environment in a linear sequence: on entering the rooms rest on the ground, but as one continues the terrain drops below and the house seems to float amid the treetops. In the cantilevered end of the barn there is a large living space with windows on the walls and also on the floor, showing the slope below. The structure balances on a central concrete core, with the section that sits on the ground constructed from heavier materials than the cantilevered section. The exterior is covered in a reflective material, reflecting the seasons.

La casa Balancing Barn es una residencia vacacional situada cerca de Suffolk que reinterpreta la forma y el material de los graneros tradicionales; su vertiginosa disposición sobre el terreno amplía las posibilidades de disfrute del entorno natural.

The Balancing Barn is a summer house near Suffolk that reinterprets the form and materials of traditional barns. The way it rests on the ground broadens the possibilities of enjoying the natural environment.

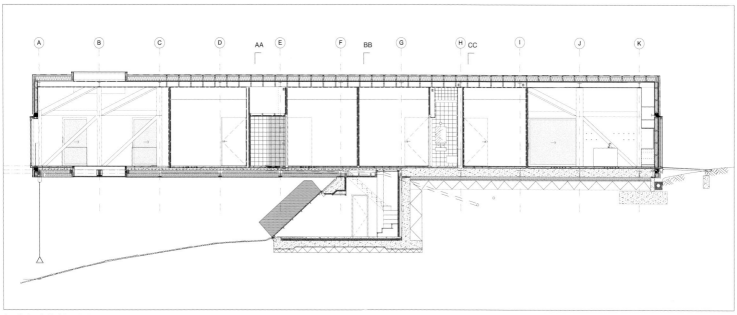

Sección longitudinal Longitudinal section

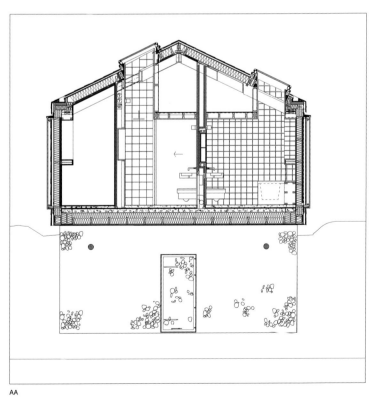

AA

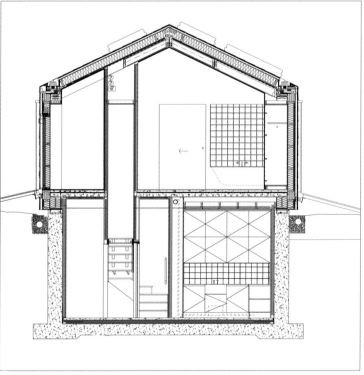

BB

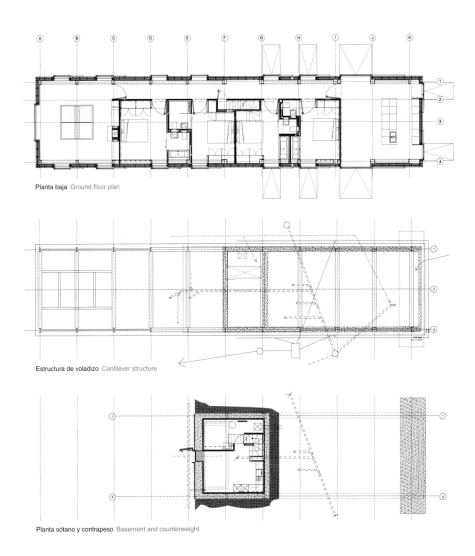

Planta baja Ground floor plan

Estructura de voladizo Cantilever structure

Planta sótano y contrapeso Basement and counterweight

Con 30 metros de longitud, la casa es una gran nave de sección constante que nace del suelo y se remata con un enorme voladizo de 15 metros formado por una cercha metálica rígida compensada por contrapesos de hormigón.

The Barn is 30 meters long, with a constant section that first rests on the ground and ends with a 15-meter cantilever constructed with a rigid metallic truss compensated with concrete counterweights.

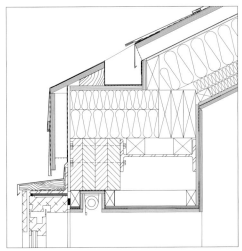

Detalle de canalón Detail of gutter

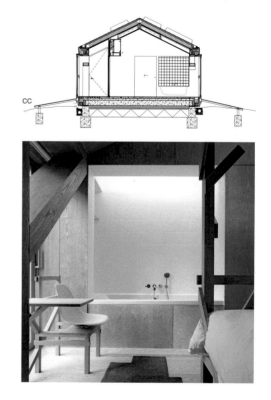

CC

A través de múltiples huecos en las fachadas laterales, la casa permite a los usuarios observar la naturaleza del entorno de una forma gradual, partiendo del nivel del suelo hasta llegar a las copas de los árboles.

Through several openings on the side facades, the house allows users to observe the natural environment gradually, starting at ground level on one end until reaching the treetops at the cantilevered end.

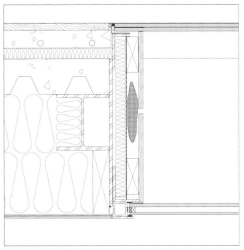
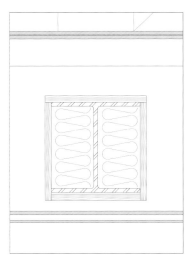

Detalle del suelo de vidrio Detail of floor window

2011-, Hangzhou (China)
Museo del Cómic y la Animación
Comic & Animation Museum

Proyecto *Project*
Comic & Animation Museum
Cliente *Client*
Hangzhou Urban Planning Bureau
Arquitectos *Architects*
MVRDV / Zhubo Architectural & Engineering Design
Colaboradores *Collaborators*
Jacob van Rijs with Renske van der Stoep, Stefan de
Koning, Hui Hsin Liao, Rune Veile, Doris Strauch,
Pepijn Bakker, Maria Lopez, Arjen Ketting, John
Tsang, Aser Gimenez, Juras Lasovsky, Suchi Vora
(fase de concurso *competition phase*); Jacob van Rijs
with Wenchian Shi, Nacho Velasco, Wing Yun, Pepijn
Bakker, Monika Kowaluk and Javier Gigosos (fase de
diseño *design phase*)
Consultores *Consultants*
Arup (estructura e instalaciones *structure*
and services); Kossmann.deJong (diseño de
exposiciones *exhibition design*); Jonge Meesters
(diseño gráfico *graphic design*); MVRDV, Kossmann.
deJong, Unlimited CG (arte y modelado 3D *artist*
impressions and 3D modeling)
Superficie construida *Built-up area*
10000 m² (museo *museum*); 20000 m² (isla *island*);
20000 m² (plaza *square*); 15000 m² (centro
de exposiciones *exhibition center*); 5000 m²
(otros *other*); 67000 m² (agua *water*)

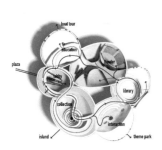

LA INICIATIVA de crear un espacio museístico dedicado especialmente a los recientes campos artísticos del cómic y la animación supone una oportunidad para desarrollar una plataforma que aúne los mundos del arte y el entretenimiento. Como forma de representación de ésta, el proyecto propone emplear los icónicos bocadillos de los cómics, que al trasladarse a las tres dimensiones crean un contenedor capaz de reflejar la temática del museo. Los 30.000 metros cuadrados de superficie útil se distribuyen en ocho volúmenes ovoides que se maclan para crear un recorrido continuo. Algunos bloques de programa como el vestíbulo, el área educativa o los cines ocupan cada uno su propio globo, y las intersecciones entre ellos resultan en grandes agujeros que ofrecen vistas entrelazadas del contenido.

El museo es parte de una gran intervención de 13,7 hectáreas en varias islas del lago White Horse de Hangzhou, donde otras instalaciones como un recinto ferial, un parque y una gran plaza acogerán el festival internacional CICAF, dedicado al cómic y la animación. Pieza central del conjunto, el museo podrá ofrecer entretenimiento sobre esta temática durante todo el año. Por ello, se ha tenido en cuenta su comportamiento sostenible integrando sistemas de ventilación natural y refrigeración adiabática.

THE INITIATIVE *for a museum especially designed for this relatively recent art form brings the opportunity to create a platform which will unite the worlds of art and entertainment. By using one of the cartoon's prime characteristics – the speech balloon here represented in 3D – the building will instantly be recognized as a place for cartoons, comics, and animations. The 30.000 square meters are distributed over eight volumes which are interconnected allowing for a circular tour of the entire program. Some services such as the lobby, education, three theaters/cinemas, and a comic book library occupy each their own balloon. If two balloons touch in the interior a large opening allows access and views in-between the volumes.*

The museum is part of a larger intervention of 13,7 hectares on several islands of White Horse Lake in Hangzhou, where other facilities like fair grounds, a park, and a large square will host the CICAF (China International Comic and Animation Festival). As the central piece of the complex, the new museum will offer year-round entertainment. Focussing towards energy efficiency, the building will contain natural ventilation and adiabatic cooling.

Ocho volúmenes ovoides inspirados en los bocadillos de texto de los tebeos forman el museo del Cómic y la Animación, destinado a ofrecer ocio cultural en el conjunto ferial del cómic situado en las islas del lago White Horse de Hangzhou.

Eight ovoid volumes inspired in the speech balloons of cartoons form the Comic & Animation Museum, which will offer cultural leisure in the larger comic fair grounds on the islands of White Horse Lake in Hangzhou.

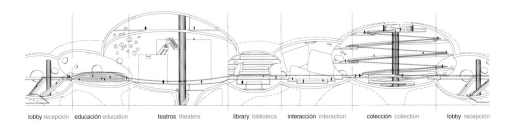

lobby recepción educación education teatros theaters library biblioteca interacción interaction colección collection lobby recepción

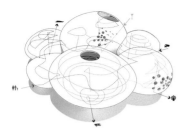

Acceso al vestíbulo Access to the lobby

Zona de las colecciones Collection zone

Zona de interacción Interaction zone

Zona de la biblioteca Library zone

Zona educativa Education zone

Paso del restaurante al teatro Restaurant to theater crossing

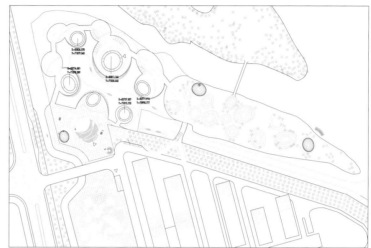

Planta baja del conjunto Ground floor plan of the complex

Los globos de hormigón texturizado se maclan para crear un recorrido continuo en el interior, donde cada visitante puede elegir la ruta que más se ajuste a sus preferencias dentro del amplio programa que ofrecen las instalaciones.

The texturized concrete balloons are interconnected allowing for a circular tour of their interior, where visitors can choose the route that best adjusts to their preferences within a larger program.

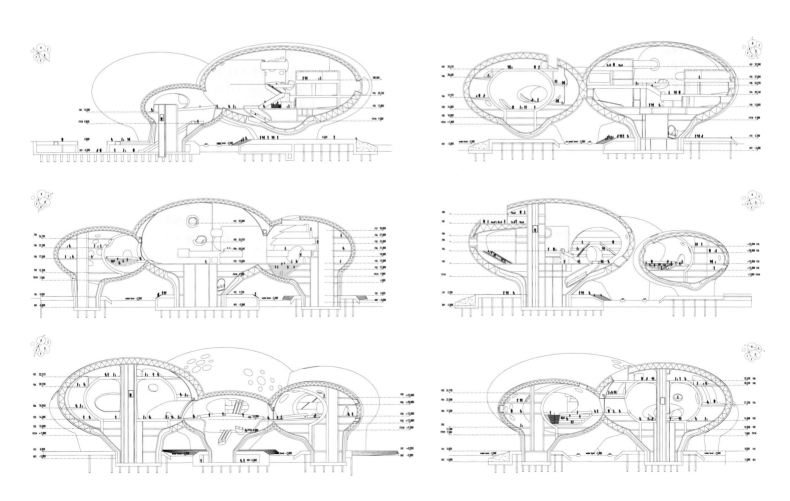

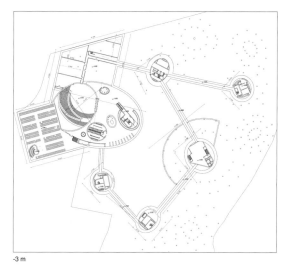

-3 m

+2 m

Los modos de exposición en el interior de los globos varían en función del contenido y su público específico, creando diversas opciones como una espiral temporal para la colección permanente o una estantería continua para la biblioteca.

The forms of display inside the balloons change depending on the content and the type of audience, creating several options like a temporary spiral for the permanent collection or a continuous bookshelf for the library.

Una de las principales atracciones del edificio es la zona de interacción, en la que los visitantes podrán experimentar activamente con técnicas de animación como un gigantesco zoótropo 3D que crea efectos de movimiento.

One of the main attractions in the building is the interactive area, where visitors will be able to experiment with animation techniques like a gigantic 3D zootrope that creates movement effects.

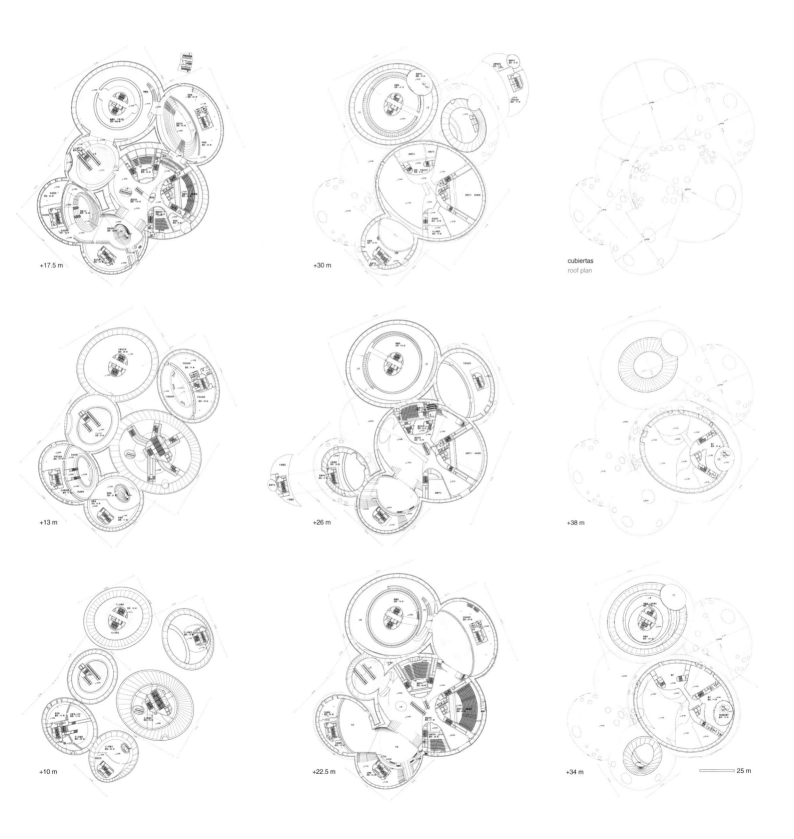

+17.5 m

+30 m

cubiertas
roof plan

+13 m

+26 m

+38 m

+10 m

+22.5 m

+34 m

⊢━━━━⊣ 25 m

2011-2016, Roskilde (Dinamarca *Denmark)*

Rockmagneten
Rockmagneten

Obra *Work*
Rockmagneten
Cliente *Client*
Danmarks Rockmuseum, Roskilde Festival Hojskole
and Roskildegruppen
Arquitectos *Architects*
MVRDV / COBE
Colaboradores *Collaborators*
Winy Maas, Jacob van Rijs and Nathalie de Vries
with Fokke Moerel, Mette Rasmussen, Klaas Hofman,
Jaap Baselmans, Yiyi Yang, Doris Goldstein, Maria
Lopez, Nicholas Berdon, Francisco Pomares, Matias
Thomsen, Buster Christensen, Sara Bjelke, Rune Veile,
Francesca Becchi, Nas Alkhaldi, Sara Impera
Consultores *Consultants*
LIW Planning (paisaje *landscape);* Arup,
Transolar (sostenibilidad *sustainability);* Arup
(estructura *structure);* Wessberg (ingeniería,
coste *engineering, costing);* Dansk Brand Institut
(seguridad antiincendios *fire safety);* Kossmann de
Jong (diseño de exposiciones *exhibition design);*
Luxigon (ilustraciones *illustrations);* COBE
Arkitekter (maqueta *model)*
Superficie construida *Built-up area*
2900 m² (museo del rock *rock museum);* 5100 m²
(escuela de folk y residencia de estudiantes *folk school
and student housing);* 2900 m² (oficinas *offices)*
Fotos *Photos*
Ossip van Duivenbode

SITUADO ENTRE el centro de Roskilde y los terrenos donde se desarrolla anualmente el festival de música del mismo nombre, el Rockmagneten es un centro cultural y artístico que ocupa una antigua fábrica. La condición de preservar la construcción existente define la intervención sobre el lugar —que ya era usado de manera irregular por artistas, skaters y músicos— por lo que el proyecto conserva el carácter informal previo y casi la totalidad de la estructura industrial, y propone que los nuevos volúmenes que se añadan generen un fuerte contraste.

Siguiendo esta línea, las naves de la fábrica se consolidan, aíslan y perforan para mejorar la iluminación y la comunicación, y se introducen en ellas diversos volúmenes para las actividades más específicas. Por otro lado, se añaden tres nuevas piezas al conjunto. La principal —y la única levantada hasta ahora— es una caja dorada con un gran voladizo sobre la zona de llegada, que sirve como nueva fachada y acceso al conjunto. Destinada a albergar el Museo Danés del Rock, esta pieza propone un recorrido expositivo basado en la experiencia de una 'rock star'. Otros dos volúmenes —un bloque forrado en caucho negro y un cilindro vidriado de tres pisos— albergarán las oficinas del Festival de Roskilde y una residencia de estudiantes, respectivamente.

LOCATED BETWEEN *Roskilde city center and the site where the music festival of the same name takes place yearly, the Rockmagneten is an art and culture center that takes up an old factory. The brief demanded preserving the existing building – already an informal gathering space for artists, skaters, and musicians –, so the design maintains the casual character of the place and almost the entire industrial structure, adding new volumes to create contrast.*

The old industrial halls are insulated and opened to improve lighting and communication, inserting several volumes for more specific activities, and three new volumes are added on top of the existing halls. The main one – and the only building completed up to now – is a box of gold colored spikes with a huge cantilever over the arrival area, and that becomes the new facade and access to the complex. Home of the Danish Rock Museum, the exhibition concept is based on the rock star experience, and its foyer can be used as an outdoor concert stage. The other two volumes are a block shaped as a stack of speakers and clad in black rubber, and which will house the Roskilde Festival offices; and a three-level circular building containing a student center.

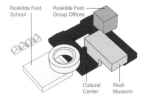

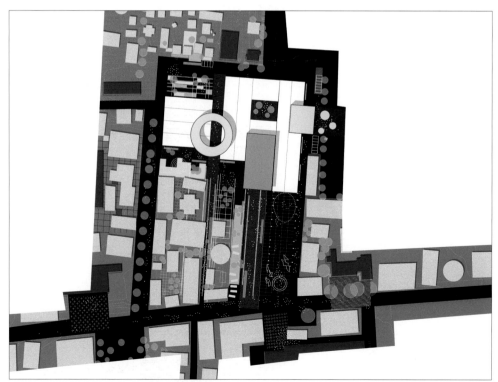

Planta de situación Site plan

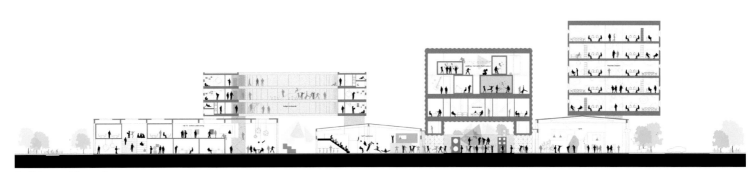

Sección transversal Cross section

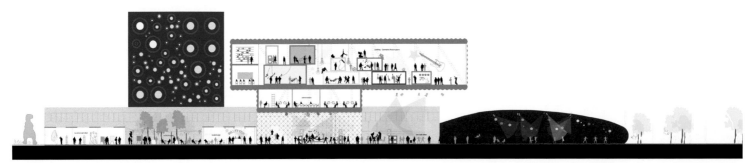

Sección longitudinal Longitudinal section

1. situación previa previous state

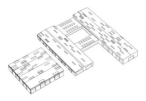

2. tratamiento exterior exterior treatment

La intervención sobre esta zona industrial en desuso se rige por un plan director que plantea adaptar las naves existentes y añadir tres volúmenes sobre ellas para albergar el programa más específico del centro de cultura y ocio musical.

The design for this run-down industrial site follows a masterplan that demands adapting the existing industrial structures and adding on top of them three volumes that will contain the specific program.

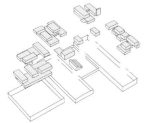

3. volúmenes interiores interior volumes

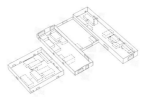

4. puertas al exterior exterior doors

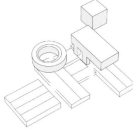

5. volúmenes exteriores exterior volumes

6. fachada principal main facade

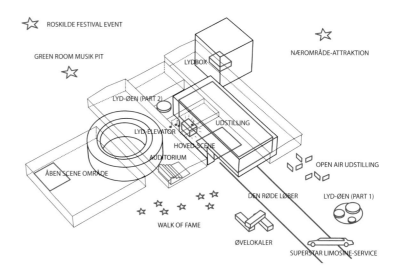

ROSKILDE FESTIVAL EVENT

GREEN ROOM MUSIK PIT

NÆROMRÅDE-ATTRAKTION

LYDBOX

LYD-ØEN (PART 2)

LYD-ELEVATOR

UDSTILLING

HOVED-SCENE

AUDITORIUM

OPEN AIR UDSTILLING

ÅBEN SCENE OMRÅDE

DEN RØDE LØBER

LYD-ØEN (PART 1)

WALK OF FAME

ØVELOKALER

SUPERSTAR LIMOSINE-SERVICE

El contraste del acabado bruto de las naves de hormigón con los colores y las texturas pulidas de la nueva construcción facilita la diferenciación de usos y conserva, al mismo tiempo, la atmósfera informal que caracterizaba al lugar.

The contrast between the rough finish of the concrete industrial buildings and the polished textures of the additions helps to set the different programs apart while preserving the informal atmosphere of the place.

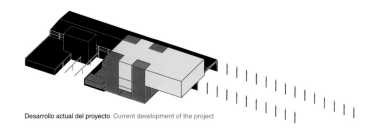

Desarrollo actual del proyecto Current development of the project

0

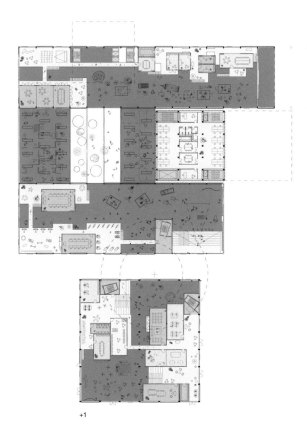

+1

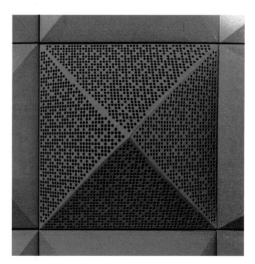

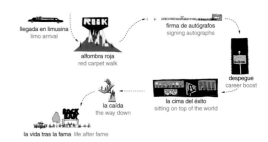

llegada en limusina
limo arrival

firma de autógrafos
signing autographs

alfombra roja
red carpet walk

despegue
career boost

la cima del éxito
sitting on top of the world

la caída
the way down

la vida tras la fama life after fame

El nuevo volumen dorado, forrado con una chapa de relieve piramidal, define la fachada del conjunto y alberga el museo del rock, cuyo recorrido expositivo retrata la experiencia vital de las grandes estrellas del rock internacional.

The new golden volume, wrapped in a sheet with a striking pyramidal relief, becomes the main focus of the complex and harbors the Danish Rock Museum, whose exhibition content reflects the life experience of rock stars.

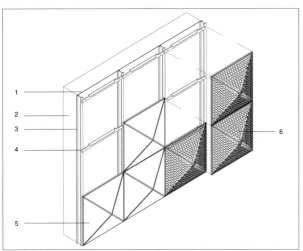

1 módulo interior de aluminio
2 aislamiento sandwich e=300 mm
3 subestructura metálica
4 sistema de fijación oculto
5 pieza piramidal de chapa con superficie lisa
6 pieza piramidal de chapa con perforaciones Ø=30

1 *interior aluminum module*
2 *t=300 mm sandwich insulation*
3 *metallic substructure*
4 *hidden anchorage system*
5 *pyramidal piece with smooth surface finish*
6 *pyramidal piece with Ø=30 perforations*

Axonometría de sistema de fachada Axonometric view of facade system

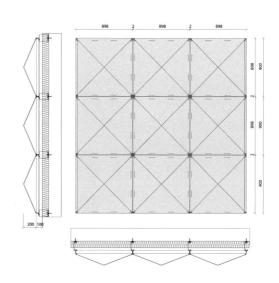

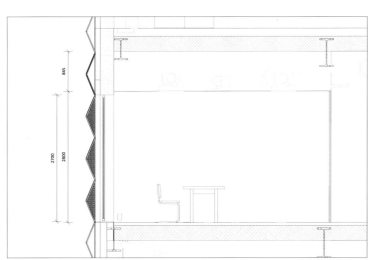

Sección por oficina Section through office

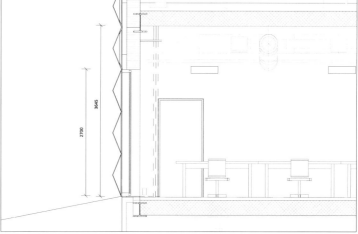

Sección por sala de reuniones Section through meeting room

2015-, Zaanstad (Países Bajos *Netherlands*)
Centro cultural
Cultural Cluster

Obra *Work*
Cultural Cluster Zaanstad
Cliente *Client*
Gemeente Zaanstad
Arquitectos *Architects*
MVRDV
Colaboradores *Collaborators*
Jacob van Rijs with Fokke Moerel, Klaas Hofman,
Gerard Heerink, William de Ronde, Saskia Kok,
Remco de Haan, Roy Sieljes, Luca Moscelli, Rebecca
Pröbster, Brygida Zawadzka, Patryk Slusarski, Hannah
Knudsen, Bart Dankers, Antonio Luca Coco, Carlo
Cattó, Costanza Cuccato
Consultores *Consultants*
Royal Haskoning DHV (ingeniería *engineering*);
Bureau Theateradvies (consultores de teatro *theater
advice*); Viabizzuno (iluminación *lighting design*)
Superficie construida *Built-up area*
7 500 m² (centro de cine, biblioteca, centro escénico
y de artes visuales, centro de música pop, escuela de
música, centro de diseño y estación local de radio *film
house, library, performing and visual arts center, pop
music center, music school, center for design, and
local radio station*)

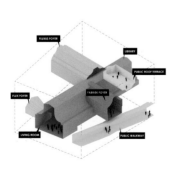

DESDE EL año 2001, el centro de la localidad holandesa de Zaanstad se ha transformado progresivamente con edificios que mimetizan el estilo preindustrial de las construcciones que caracterizan Zaanse Schans, una zona rural próxima declarada Patrimonio de la Humanidad. El ayuntamiento y el Inntel Hotel, que reinterpretan estas formas vernáculas, son ejemplos recientes de esta tendencia, en la que el centro cultural abre un nuevo capítulo al emplear el perfil de las casas Zaan en negativo como vacíos que atraviesan el edificio y sirven como atrios o espacios de programa compartido.

El proyecto propone un gran volumen casi cúbico para albergar todo el programa cultural requerido —centros de cine, diseño, música pop, teatro y artes visuales, escuela de música, biblioteca y una estación para la radio local—, y cuyo perímetro se adapta a los cambios de cota del entorno. Cada una de las entidades principales posee su propio espacio de recepción con forma de casa Zaan en un color diferente, y cuya silueta se muestra hacia el exterior en varios puntos de la fachada a través de una ligera piel perforada que envuelve el volumen. De esta manera, se mantiene la unidad externa del conjunto cultural mientras que, en su interior, se define una identidad propia para cada una de las instituciones del centro.

SINCE THE YEAR 2001, *the center of the Dutch municipality of Zaanstad has been gradually transformed to agree with the style of the nearby UNESCO World Heritage site the Zaanse Schans. The City Hall and Inntel Hotel reinterpret these vernacular forms, and are recent examples of this mimetic trend, within which the Cultural Cluster opens up a new chapter, designed as a cubic volume out of which the silhouette of a Zaan house is extracted in the form of voids that traverse the building creating atria and spaces with collective flexible programs.*

The new volume houses the whole program required – a film house, a center for design, a pop music center, a performing and visual arts center, a music school, a library, and a local radio station –, and its perimeter adapts to the terrain's level changes. Each one of the institutions has its own entrance designed as a Zaan house in a different color, the silhouette of which is visible on the outside at several points of the facade through a light perforated skin that wraps the volume. In this way the culture complex comes across as a single building while ensuring that each of the established cultural institutions inside keeps its own identity within the larger envelope.

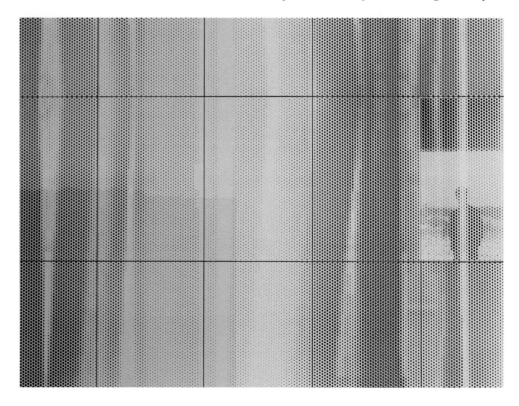

En un entorno caracterizado por diversos edificios que reinterpretan las casas típicas de la región del Zaan, el centro cultural emplea la sección de éstas para dar forma a las áreas de acceso y su silueta se expresa en las fachadas.

Surrounded by several buildings that reinterpet the typical Zaan houses of the region, the cultural center takes the section of these houses as reference to shape the entrances, and their silhouette is expressed on the facade.

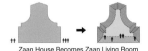

Zaan House Becomes Zaan Living Room

Creating Urban Continuity

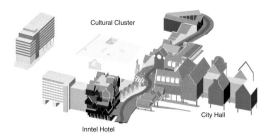

Cultural Cluster

City Hall

Inntel Hotel

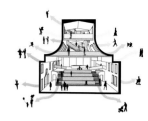

El atrio principal, accesible desde una plaza elevada frente al ayuntamiento, atraviesa el edificio en diagonal para comunicar todos los niveles y acoger el programa conjunto de carácter público como cafés y zonas de lectura.

The main atrium, accessible from an elevated square across from the City Hall, traverses the building diagonally to connect all levels and houses the public program as well as cafés and reading areas.

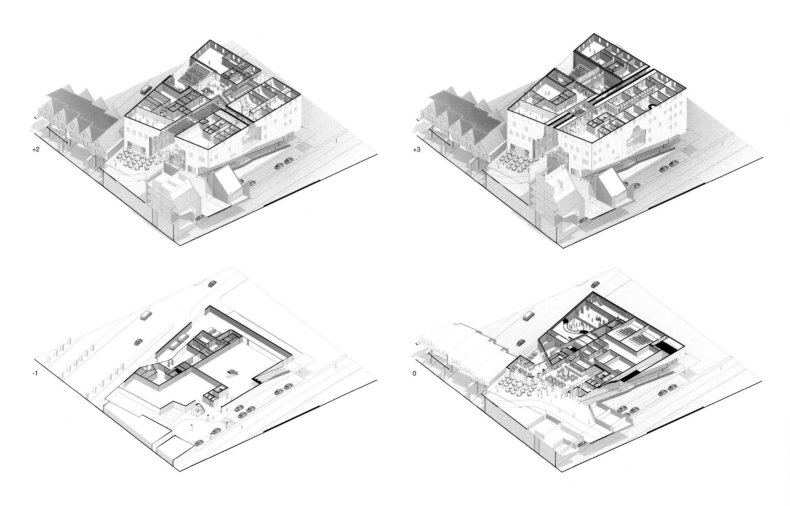

+2

+3

-1

0

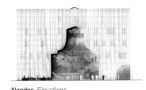
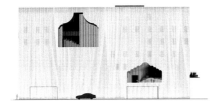
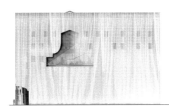

Alzados Elevations

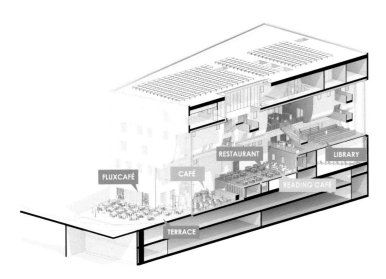

FLUXCAFÉ CAFÉ RESTAURANT LIBRARY READING CAFÉ TERRACE

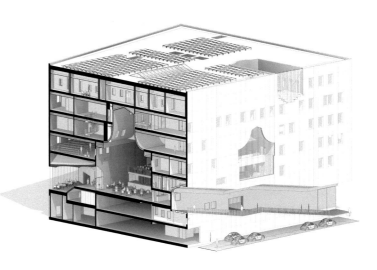

Fantasías verdes

La tecnología ha servido para dar forma al paisaje de pólderes sobre el que se construye gran parte del territorio de los Países Bajos. Es comprensible, pues, que en el trabajo de MVRDV los límites entre lo natural y lo artificial se difuminen para dar lugar a obras que son paisajes construidos. Así, las oficinas de la compañía NTR se maclan con el terreno dando continuidad a un parque; el pabellón de la Expo 2000 se construye como un conjunto de paisajes antrópicos apilados; y el mirador de Anyang se configura como la continuación artificial de un sendero que trepa por una montaña. A mayor escala, la geometría y el rigor sirven para estructurar el contenido natural del territorio: es el caso del plan director de Almere Floriade, que organizará la muestra de horticultura en parcelas de especies vegetales ordenadas alfabéticamente; por su parte, la nueva vía peatonal de Seúl propondrá un recorrido elevado a través de una biblioteca de plantas que recoge la diversidad vegetal del entorno.

Green Fantasies

Technology has been essential to shaping the landscape of polders on which most of the territory of the Netherlands is built. It is understandable then that in MVRVD's work the limits between the natural and the artificial are blurred, giving way to buildings that are constructed landscapes. In this way, the offices of NTR are intertwined with the terrain and expand a park; the pavilion at Expo 2000 is built as a series of stacked anthropic landscapes; the Anyang viewpoint is configured as the artificial continuation of a path that climbs up the mountain. On a greater scale, geometry and rigor allow structuring the natural content of the territory: this is the case of the masterplan for Almere Floriade, which will arrange the exhibition in plots with plant species organized alphabetically; and the new pedestrian path in Seoul proposes a raised promenade through a library of plants that showcases the area's flora diversity.

Sede de NTR
NTR Headquarters

Obra *Work*
RVU (ahora NTR *now NTR*) Broadcasting Company
Headquarters
Cliente *Client*
RVU (ahora NTR *now NTR*) Broadcasting Company
Arquitectos *Architects*
MVRDV
Colaboradores *Collaborators*
Jacob van Rijs, Winy Maas and Nathalie de Vries
with Willem Timmer, Duzan Doepel, Eline Strijkers
Consultores *Consultants*
Bureau Bouwkunde (instalaciones *facilitary office*);
Pieters Bouwtechniek (estructura *structure*); Ketel R.I.
(servicios *services*); DGMR (física *building physics*)
Superficie construida *Built-up area*
1500 m²
Fotos *Photos*
MVRDV (p. 158 arriba *top*); José Carlos Melo Dias
(pp. 159, 160, 161 abajo *bottom*); Christian Richters
(p. 161 arriba *top*)

LA SEDE de la compañía de televisión NTR (antes denominada RVU) se sitúa en el campus de empresas de uno de los canales holandeses de emisión pública, junto a la Villa VPRO. Aunque la normativa permitía levantar hasta cuatro alturas en el lugar, construir un edificio masivo de esas características rompería la conexión visual y ecológica de la ciudad y el campus. Por ello, el edificio toma la forma de una pastilla alargada de una única planta que se adapta a la topografía para minimizar su efecto sobre el área verde donde se emplaza.

El prisma oblongo se sitúa en una zona de pendiente suave, quedando enterrado en su cota más alta de manera que la cubierta, rematada con un tratamiento vegetal, continúa el parque y resulta imperceptible desde la ciudad. Sin embargo, el extremo opuesto vuela sobre el terreno sostenido por una red de esbeltos pilares, creando un porche sombreado y haciéndose notable hacia el campus. Un sendero público atraviesa el edificio longitudinalmente para conectar ambos frentes mediante una escalera, con el acceso situado en el descansillo intermedio. Este hueco central, cerrado con vidrio, sirve como patio de luces y divide el interior en tres zonas con tipologías diferentes de oficinas. Las fachadas laterales, por su parte, se rematan con chapas de acero cortén.

THE HEADQUARTERS *of NTR (formerly RVU) is located on the business campus of one of the channels of the Dutch Public Television Broadcasting System, next to Villa VPRO. Although a four-storey building could be erected according to the building regulations, in general it was felt that this would destroy the ecological connection and visibility of the city towards the Media Park. In response to this caution, the building is designed as a single-story volume that adapts to the topography to minimize its impact on the natural context.*

The oblong prism is located in a gently sloping site, dug into the steepest flank so that the green roof extends the park and is invisible from the city. However, the opposite end cantilevers over the terrain supported by slender pillars, creating a shaded porch and becoming apparent from the campus. A public path traverses the building lengthwise to connect both facades with a staircase, with the access located in the intermediate hall. This central void, enclosed with glass, serves as a courtyard and divides the interior into three areas with different office types. The elevations and external ceiling of the projection portion are clad with cor-ten steel.

Buscando el mínimo impacto sobre el entorno y, a la vez, la máxima relación con él, las oficinas del canal de televisión se reparten por un prisma alargado encajado en una ladera verde, de forma que parece surgir del terreno.

Seeking a minimum effect on the environment and, at the same time, a maximum interaction with it, the offices of the TV channel occupy an elongated prism tucked into a hill so that it seems to emerge from within the terrain.

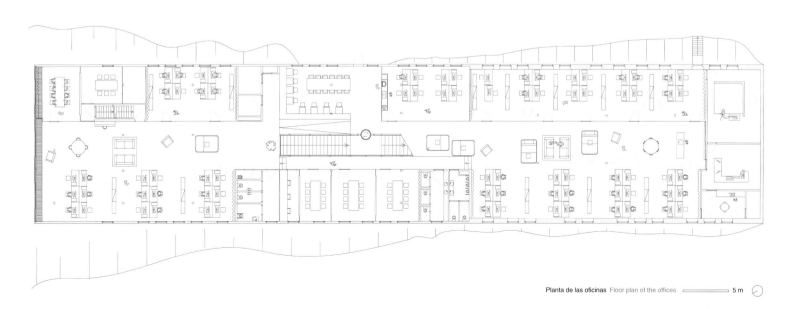

Planta de las oficinas Floor plan of the offices ⊢⎯⎯⎯⎯⎯⎯⎯⎯⊣ 5 m

Una gran escalera recorre el volumen y conecta el porche de entrada inferior con el jardín de la cubierta; a ambos lados de este pasillo se sitúan las áreas de trabajo, distribuidas en tres zonas con pequeñas diferencias de cota.

A big staircase traverses the volume and connects the lower porch of entrance with the rooftop garden. The office areas run along either side of this corrid or, distributed in three zones with small differences in height.

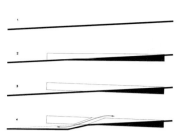

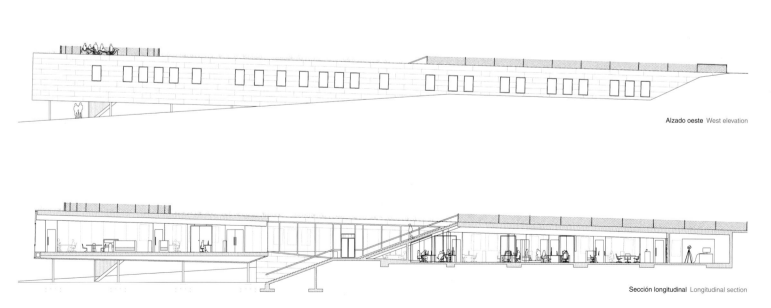

Alzado oeste West elevation

Sección longitudinal Longitudinal section

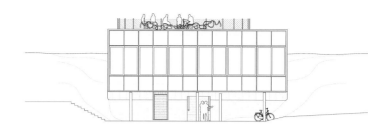

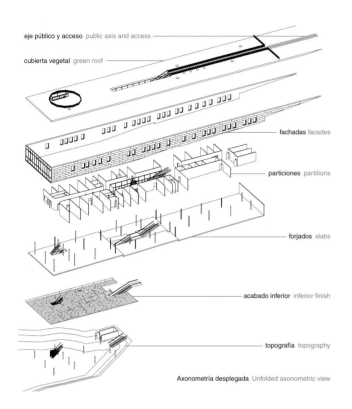

eje público y acceso public axis and access

cubierta vegetal green roof

fachadas facades

particiones partitions

forjados slabs

acabado inferior inferior finish

topografía topography

Axonometría desplegada Unfolded axonometric view

1997-2000, Hannover (Alemania *Germany*)

Pabellón de los Países Bajos en Expo 2000
Expo 2000 Netherlands Pavilion

Obra *Work*
Expo 2000 Hannover
Cliente *Client*
Foundation Holland World Fairs
Arquitectos *Architects*
MVRDV
Colaboradores *Collaborators*
Jacob van Rijs, Winy Maas and Nathalie de Vries with
Stefan Witteman, Jaap van Dijk, Christoph Schindler,
Kristina Adsersen, Rüdiger Kreiselmayer
Consultores *Consultants*
Technical Management (servicios *services);* ABT
(estructura *structure);* DGMR, Arnhem and GRBV
(física de la construcción *building physics);*
ABT-Bouwkunde (instalaciones *facilitary office);*
RGD (gestión de proyecto *project management);*
PRC, Bouwventrum Oosterbeek (control de
costes *cost advisor);* Stork Installatietechniek
(electricidad y mecánica *electrical and mechanical
installations);* Studio Marcel Wanders (interior sala
VIP *interior VIP-Room);* Peter Hopman (mostrador de
información *information desk)*
Contratista *Contractor*
HBG Volker Bouwmaatschappij
Superficie construida *Built-up area*
8000 m²
Presupuesto *Budget*
13.6M €
Fotos *Photos*
Rob't Hart; Christian Richters (pp. 163, 168)

L A EXPO 2000 celebrada en la ciudad alemana de Hannover giró en torno a la relación entre el hombre, la naturaleza y la tecnología. El pabellón de los Países Bajos construido para el evento condensaba la reflexión sobre estos factores al plantear cuestiones de índole global como la compatibilidad entre el aumento de la densidad de población y el incremento de la calidad de vida, o el papel que jugará la naturaleza en ese equilibrio.

El pabellón se compone como un apilamiento de paisajes artificiales que reproducen ecosistemas holandeses, planteando una posible solución a futuras necesidades de suelo. Mediante la combinación de tecnología y naturaleza, el edificio subraya el aspecto artificial de esta última. De este modo, la naturaleza, dispuesta en varios niveles apilados, puede ofrecer más espacios públicos, que prolongan los existentes en el recinto. El edificio se convierte en una suerte de parque monumentalizado, y el hecho de que la planta baja se funda con el entorno desdibuja los límites de la entrada. Finalmente, esta estratificación del ecosistema no sólo ahorra espacio, sino también energía, agua, tiempo e infraestructuras. La densidad y diversidad de las diferentes funciones provoca la aparición de nuevas relaciones, constituyéndose como un símbolo de la sociedad contemporánea.

T HE 2000 WORLD *Exposition in Hannover was held under the motto 'Man, Nature, Technology,' and the Netherlands Pavilion built for the event pondered on these issues posing questions like the compatibility between population growth and the improvement of living standards, or the role nature would play in that balance.*

The pavilion consists of stacked artificial landscapes that represent Dutch eco-systems, proposing a solution to future need for land. Through the combination of technology and nature, the building underlines the artificial aspect of the latter. In this way nature, arranged in several stacked levels, can offer more public spaces that extend the existing. The building becomes a sort of monumentalized park, and the ground level blends with the environment blurring the boundaries of the entrance. Finally, this stratification of the ecosystem not only saves space, but also makes a more efficient use of energy, water, time, and infrastructures. The density and diversity of the different functions triggers new relationships, turning the building into a symbol of contemporary culture and society.

Recorrido interior Interior tour

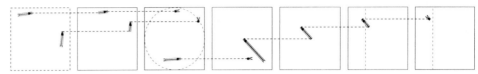

Desarrollo del recorrido interior Interior tour diagram

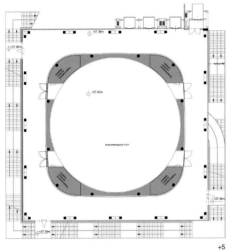

+5

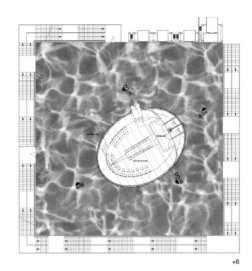

+6

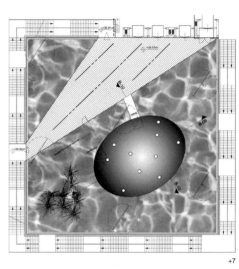

+7

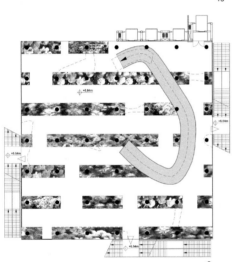

+2

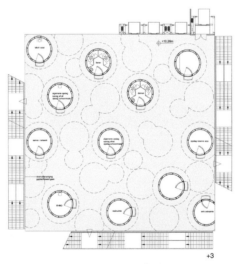

+3

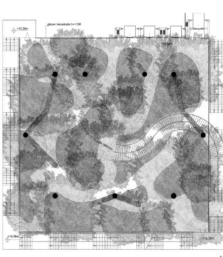

+4

Las zonas administrativas se concentran en un sótano sobre el que se superponen los paisajes característicos de Holanda: un campo de dunas, un terreno de cultivo, un nivel de macetas, un bosque, una zona de lluvia y un pólder.

The administration areas are concentrated in the building's basement, with the main Dutch landscapes stacked on top: a terrain of dunes, a harvest field, a level of flowerpots, a forest, a rain area, and a polder.

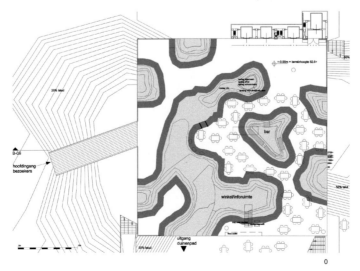

0

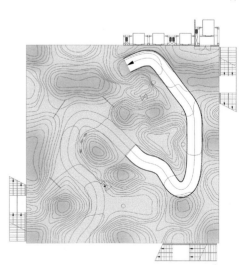

+1

Para la Expo 2000, que tratabaa las relaciones entre naturaleza y tecnología, el pabellón de Holanda radicalizaba la visión pragmática sobre el territorio que caracteriza al país con un apilamiento de varios paisajes artificiales.

For Expo 2000, which dealt with the relationship between nature and technology, the Netherlands Pavilion radicalized the country's pragmatic view of the territory by stacking six artificial landscapes.

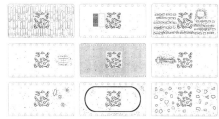

Opciones de uso de parque y planta baja Use of the park and ground floor

Los diversos paisajes se emulan mediante elementos naturales, formales y tecnológicos, proponiendo en cada nivel del pabellón una visita a un ecosistema que ha sido reinterpretado para formar una narración didáctica.

Natural, formal, and technological elements emulate the different landscapes, and each level of the pavilion represents an ecosystem that has been reinterpreted to offer a didactic narration.

La suma vertical de ecosistemas, relacionados a través de un ciclo de agua, calor y energía común a todos ellos, convierte el edificio en un parque monumentalizado que subraya el carácter artificial de la naturaleza.

The vertical sum of ecosystems, connected by a cycle of water, heat, and energy common to all of them, transforms the building into a monumentalized park that underlines the artificial character of nature.

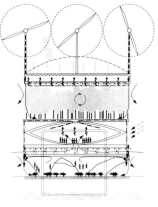

Calor y energía Heat and energy

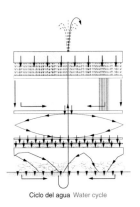

Ciclo del agua Water cycle

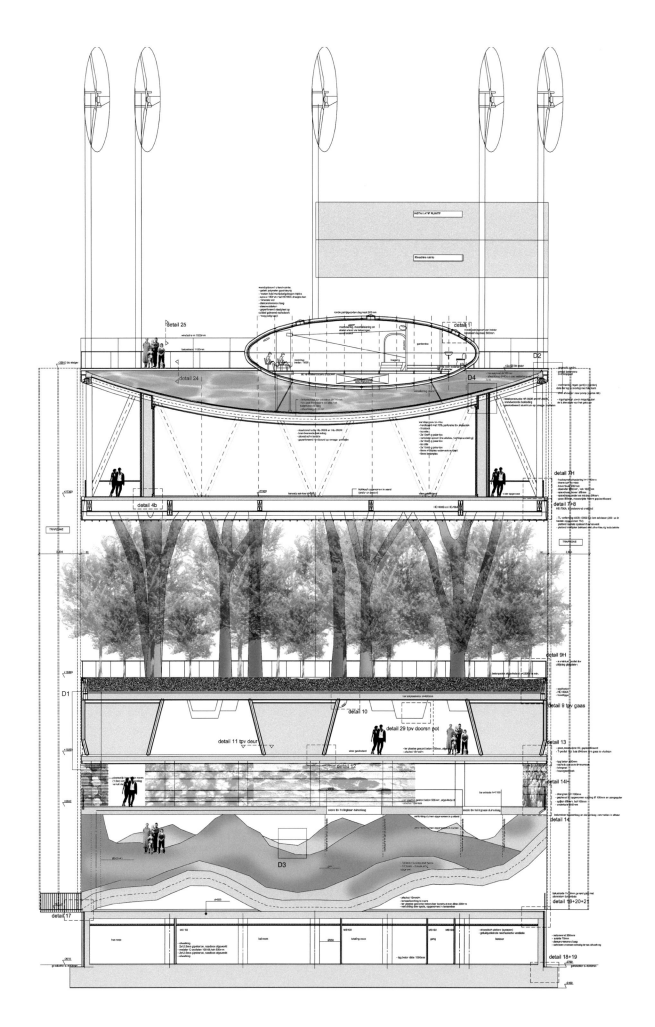

1	perfil en forma de U	11	malla plastificada	21	escalones de chapa de acero plegada
2	madera	12	sellador	22	placa de aluminio
3	hormigón proyectado	13	columna de acero	23	cortina de lluvia
4	perfil de acero 180	14	montantes de madera	24	columna de hormigón
5	montantes de madera	15	listones de contrachapado	25	acabado impermeable
6	madera contrachapada	16	valla de acero galvanizado	26	aislamiento
7	cemento enlucido	17	perno de retención	27	revestimiento ignífugo
8	barrera de vapor	18	hormigón in situ	28	chapa perforada aluminio
9	conectores de acero	19	madera de azobe	29	madera acústica
10	tubo (d=40 mm)	20	hormigón vertido		

1	*U profile*	11	*plasticized mesh*	21	*folded steel sheet to form steps*
2	*wood*	12	*sealant*	22	*aluminum plate*
3	*sprayed concrete*	13	*steel column*	23	*rain curtain*
4	*UNP 180 steel profile*	14	*wood studs*	24	*concrete column*
5	*wood stud*	15	*plywood slats*	25	*waterproof finish*
6	*plywood*	16	*galvanized steel fence*	26	*isolation*
7	*plaster cement*	17	*retaining bolt*	27	*fire retardant coating*
8	*vapor barrier*	18	*in situ concrete*	28	*perforated aluminum sheet*
9	*anchor steel plate*	19	*azobe wood*	29	*acoustic wood*
10	*tube (d=40 mm)*	20	*poured concrete*		

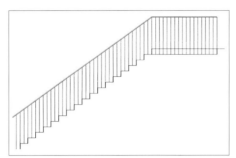

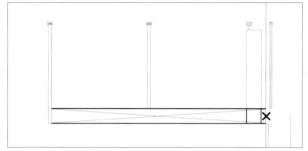

Recorrido perimetral Perimeter tour

Alzado de escalera en voladizo Elevation view of cantilevered staircase

Sección de escalera en voladizo Section view of cantilevered staircase

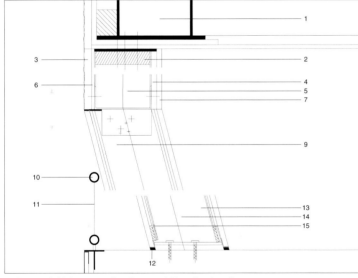

D1 Encuentro de forjados con cerramiento Encounter of slabs and exterior wall

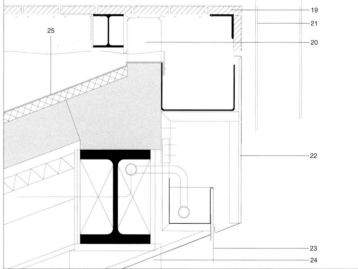

D2 Detalle de canto de cubierta Detail of the roof edge

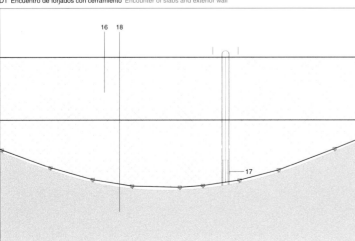

D3 Detalle de valla en las dunas Detail of the fence on the dunes

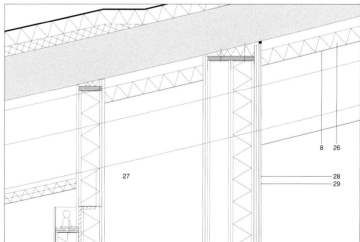

D4 Encuentro de tabique con forjado inclinado Encounter of interior wall with inclined floor

2005-2006, Anyang (Corea del Sur *South Korea*)
Mirador Anyang Peak
Anyang Peak Viewing Tower

Obra *Work*
Anyang Peak
Cliente *Client*
City of Anyang
Arquitectos *Architects*
MVRDV / Naru Architecture
Colaboradores *Collaborators*
Jacob van Rijs with Young Wook Joung and
Jakob Madsen
Consultores *Consultants*
Dong Yang Structure (estructura *structure*);
Won E&C (electricidad *electric*); Bitzro lighting
(iluminación *lighting*)
Presupuesto *Budget*
500000 €
Fotos *Photos*
MVRDV

SITUADO EN lo alto de una colina junto a la ciudad de Anyang, en Corea del Sur, el proyecto forma parte de un plan desarrollado en 1999 para revitalizar el entorno natural y atraer a visitantes mediante intervenciones artísticas en el paisaje.

Conceptualmente, el camino que asciende hasta el pico se despega del terreno y continúa su recorrido en espiral, convirtiéndose en una torre desde donde se observan vistas panorámicas. Esta nueva estructura no sólo actúa como mirador sino que también invita a la gente a visitar la torre por su valor como obra de arte en sí misma y como marco de otras actuaciones. El ancho de la pasarela varía a lo largo del recorrido a partir de un mínimo de un metro y medio, mientras que la longitud total de la espiral es de 146 metros, con una pendiente del 10% y una altura de 14,6 metros. En la base, esta montaña artificial envuelve un espacio vacío de 160 metros cuadrados que puede acoger pequeñas exposiciones o instalaciones. La torre se convierte, por tanto, en una tribuna desde donde, además de mirar al exterior, se mira hacia el interior. La estructura está formada por una serie de postes, rigidizados entre sí mediante cruces de San Andrés, donde se apoya la pasarela. Una sucesión de tablillas de madera genera una superficie alabeada que define el volumen cónico interior y sirve como barandilla.

PERCHED HIGH UP *on a hill close to the city of Anyang, in South Korea, the project is included in a plan developed in 1999 to revitalize the natural environment and attract visitors through a series of artistic interventions.*

The path leading up to the hill detaches itself from the ground and takes the form of a spiral that becomes a tower offering panoramic views. The new structure functions not only as a viewing tower alone, but also invites people to experience it as a piece of art and performance space for other types of events. The width of the path varies, with a minimum of 1.5 meters. The path's total length is 146 meters, with a 10% slope and a peak height of 14.6 meters. At the base, this artificial mountain wraps a void of 160 square meters that can house small exhibitions and artistic installations. The viewing tower becomes a tribune where performances are staged underneath and on the top of the hill. The tower's structure is made of steel, and the substructure for the path is suspended off the vertical steel poles. Customized steel plates are fixed onto the substructure and covered with a series of wooden planks. These planks generate a wavy surface that delimits the conic interior volume and functions as handrail.

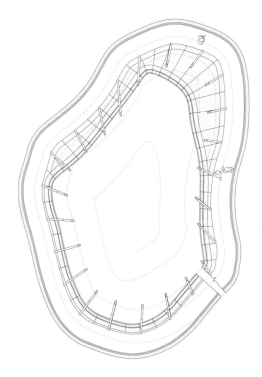

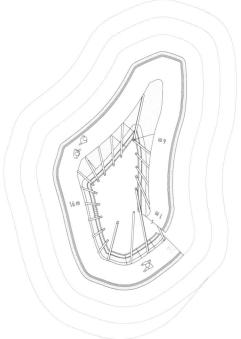

En la cima del pico Anyang, a 30 kilómetros de Seúl, una torre mirador prolonga el recorrido de ascenso mediante una pasarela metálica en forma de espiral que aumenta la altura del enclave 14,6 metros más.

At the top of Anyang Peak, 30 kilometers from Seoul, a viewing tower extends the path up to the hill with a spiralling metallic footbridge that increases the height of the mountain by 14.6 meters, offering panoramic views.

La pasarela metálica que llega hasta lo alto del mirador adopta una geometría irregular en continuidad con las curvas de nivel del terreno de manera que se difumina la transición entre el entorno natural y el pabellón.

The spiralling metallic footbridge that reaches the top of the viewing tower follows the flowing contour lines of the terrain, blurring the boundaries between the natural environment and the pavilion.

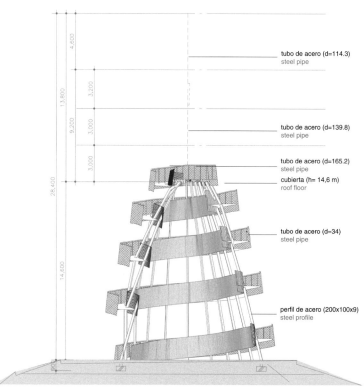

tubo de acero (d=114.3)
steel pipe

tubo de acero (d=139.8)
steel pipe

tubo de acero (d=165.2)
steel pipe

cubierta (h= 14,6 m)
roof floor

tubo de acero (d=34)
steel pipe

perfil de acero (200x100x9)
steel profile

2012-, Almere (Países Bajos *Netherlands*)
Almere Floriade 2022
Almere Floriade 2022

Proyecto *Project*
Floriade 2022
Cliente *Client*
City of Almere
Arquitectos *Architects*
MVRDV
Colaboradores *Collaborators*
Winy Maas with Jeroen Zuidgeest, Klaas Hofman,
Mick van Gemert and Elien Deceuninck and Monika
Kowaluk; Made by Mistake (maquetas *models*)
Fotos *Photos*
Frans Parthesius (fotos de maqueta *model photos*)

LA CIUDAD de Almere, perteneciente al área metropolitana de Amsterdam, está a punto de experimentar un fuerte desarrollo demográfico impulsado por estudios urbanos como el plan director para el área de Oosterwold o el proyecto Almere 2030, que prevé la construcción de 60.000 viviendas. En este contexto, la exposición internacional de horticultura Floriade 2022 se presenta como una oportunidad para crear un conjunto urbano pionero que sirva como ejemplo para futuros crecimientos.

Una alfombra de jardines se extiende sobre una península reticular de 45 hectáreas en la orilla sur del lago Weerwater. Cada bloque está dedicado a una especie vegetal ordenada alfabéticamente y a su vez se combina con un programa distinto en cada caso: desde pabellones a viviendas, oficinas o incluso una universidad, generando un ecosistema diverso que permite a los visitantes alojarse en un hotel de jazmín, nadar en un estanque de lirios o cenar en una rosaleda. Aunque la iniciativa surge en torno a la feria de horticultura, el proyecto no se entiende como una fase temporal sino como un barrio ecológico que cultiva alimentos, produce energía, recicla basura y depura agua de forma autosuficiente, estableciendo una relación simbiótica entre plantas, animales y personas.

THE CITY OF ALMERE, *within the metropolitan area of Amsterdam, is on the verge of experiencing a large population growth geered by urban plans like that of Oosterwold or Almere 2030, which foresees the construction of 60,000 new homes. In this context, the international exhibition and garden festival Floriade 2022 becomes an opportunity to create a pioneering urban complex that can be exemplary for future developments.*

A grid of gardens stretches over a 45-hectare-square-shaped peninsula on the southern shore of Weerwater Lake. Each block is devoted to one plant species, alphabetically ordered, and is combined with a different program in each case: from pavilions to houses, offices or even a university, generating a diverse ecosystem where visitors can stay at a jasmine hotel, swim in a lily pond, or dine in a rose garden. Although the initiative is organized around the garden festival, the project is not conceived as temporary but as an ecological and self-sufficient neighborhood that grows vegetables, produces food and energy, recycles waste, and cleans its own water, establishing a symbiotic relationship between plants, animals, and people.

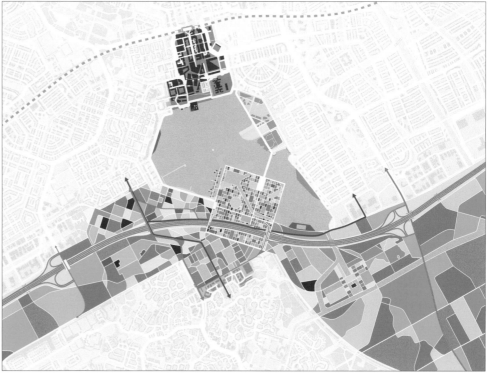

Situación Site plan

En la ciudad de Almere, la celebración de Floriade (la feria de horticultura más importante del mundo) se aprovecha para desarrollar un modelo de ciudad ecológica que sirva como precedente a futuros desarrollos urbanos.

The celebration of Floriade (the world's largest horticultural expo) in Almere is taken as an opportunity to develop an ecological city that can become exemplary for future urban developments.

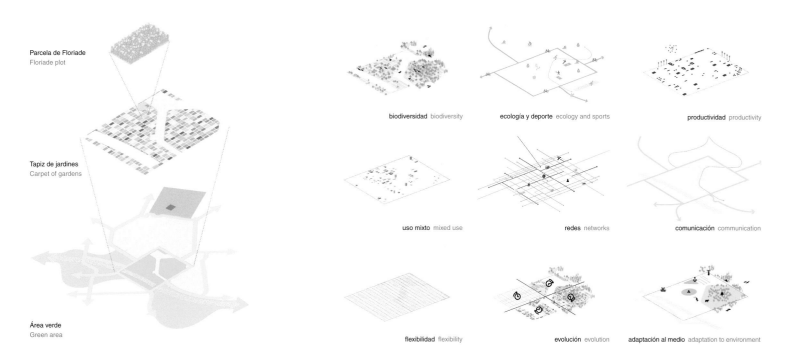

Parcela de Floriade
Floriade plot

Tapiz de jardines
Carpet of gardens

Área verde
Green area

biodiversidad biodiversity

ecología y deporte ecology and sports

productividad productivity

uso mixto mixed use

redes networks

comunicación communication

flexibilidad flexibility

evolución evolution

adaptación al medio adaptation to environment

La retícula ortogonal que distribuye las instalaciones, las vías de comunicación y el programa se ve interrumpida por un curso de agua que conecta con el puerto y una carretera que atraviesa el lado sur.

The grid that organizes all the different facilities, communication routes, and the program is interrupted only by a watercourse that is connected with the harbor and a road that crosses the southern side.

Planta de Expo Floriade Floriade Expo plan   ⌐ 100 m

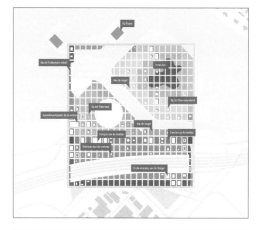

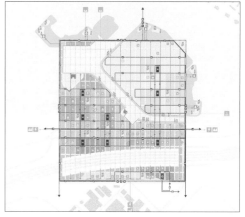

⌐ 100 m

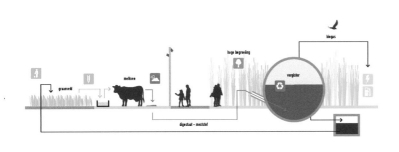

Ciclo de agricultura urbana Urban agriculture cycle

Ciclo de purificación del agua Water purification cycle

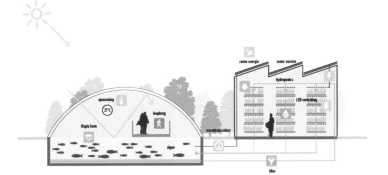

Ciclo de acuicultura hidropónica Hydroponic fish farm cycle

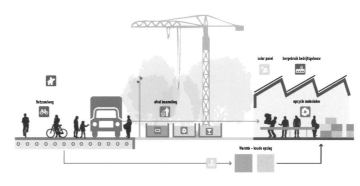

Sistema de reciclado 'upcycle' Upcycle system

Las 45 hectáreas de la
península rectangular están
divididas en unidades
de 25 por 40 metros
compuestas por una zona
central que contiene el
programa principal, un
área de vegetación y un
camino perimetral.

*The 45-hectare peninsula
is divided into units of 25
x 40 meters consisting
of a central rectangle
that accommodates the
program, a layer of
vegetation, and a perimeter
path that links up with
the neighboring plots.*

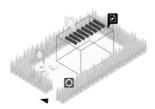

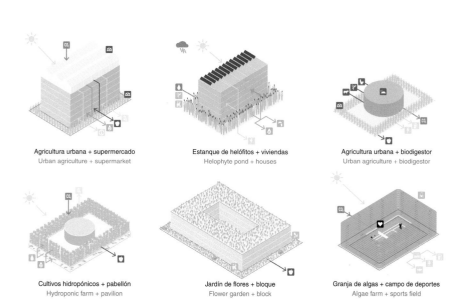

Agricultura urbana + supermercado
Urban agriculture + supermarket

Estanque de helófitos + viviendas
Helophyte pond + houses

Agricultura urbana + biodigestor
Urban agriculture + biodigestor

Cultivos hidropónicos + pabellón
Hydroponic farm + pavilion

Jardín de flores + bloque
Flower garden + block

Granja de algas + campo de deportes
Algae farm + sports field

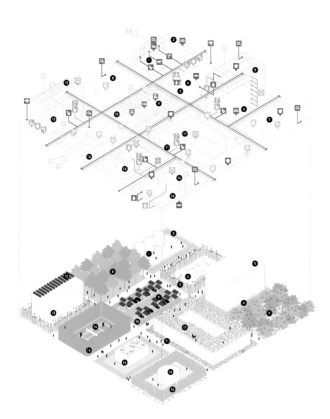

Vía verde Seoul Skygarden
Seoul Skygarden

Proyecto *Project*
Seoul Skygarden
Cliente *Client*
Seoul Metropolitan Government
Arquitectos *Architects*
MVRDV
Colaboradores *Collaborators*
Winy Maas with Wenchian Shi, Kyosuk Lee,
Mafalda Rangel, Kai Wang, Ángel Sánchez Navarro,
Dongmin Lee, Jaewoo Lee, Antonio Luca Coco,
Matteo Artico, Jaime Domínguez Balgoma
Consultores *Consultants*
Ben Kuipers (paisajismo *landscape designers);*
DMP (arquitecto local *local architect);* Saman
Engineering (estructura *structure);* KECC
(paisajista local *local landscape designer);* EAN
(sostenibilidad *sustainability);* Cross (estructura
arquitectónica *architectural structure);* Studio
Makkink & Bey (diseño industrial *industrial
designers);* Samsin (instalaciones *MEP);* Song
Hyun R&D (tráfico *traffic engineers);* Viabizzuno
(iluminación *lighting design);* nhtv (diseño de
aplicaciones *app design);* Myong Gun (costes *cost
engineers);* Made by Mistake (maqueta *model)*

DESDE SU construcción, en la década de 1970, el paso elevado junto a estación de Seúl conectaba el mercado de Namdaemun con el área situada al este de las vías del tren hasta que, en 2006, diferentes estudios de seguridad señalaron la necesidad de demolerlo y reconstruirlo. Sin embargo, en una segunda fase de consultas con expertos y ciudadanos se optó por regenerarlo, transformando la antigua vía de tráfico en un espacio público peatonal.

El deseo de que fuera lo más verde posible y que, al mismo tiempo, acogiese actividades de ocio dio lugar a un proyecto modular y adaptable. Una biblioteca de plantas, distribuida según el alfabeto coreano, hace legible la diversidad vegetal de la ciudad, ofreciendo a los peatones la posibilidad de interactuar con ellas y descubrir nuevas especies. Una serie de maceteros circulares de diferentes tamaños se combinan con otros usos como cafeterías, tiendas de flores, mercadillos y bibliotecas, que completan un catálogo de elementos destinados a revitalizar este jardín elevado. Como si fueran las ramas de un árbol, un conjunto de rampas, escaleras y jardines se extiende a partir de la estructura existente para conectar la infraestructura con su entorno, generando una transición continua entre los diferentes tejidos urbanos.

S INCE ITS construction in the 1970s, the overpass by Seoul's Central Station connected Namdaemun market with the area located east of the train tracks until safety inspections in 2006 deemed the structure unsafe and intended to demolish and rebuild it. However, further consultation with residents and experts led to the plan to regenerate the overpass into a pedestrian walkway and public space.

The ambition to make this space as green as possible while introducing new leisure functions called for a modular and adaptable approach. The design proposes a library of local plants arranged according to their name in the Korean alphabet, an arboretum offering visitors the possibility of interacting with the plants and discovering new species. In addition to the circular plant pots of varying sizes, a series of customizable activators such as tea cafés, flower shops, street markets, libraries, and greenhouses provide a catalogue of elements which will enliven the Seoul Skygarden. Additional stairs, lifts, and escalators can connect to the Skygarden, sprouting like branches from the existing structural piers and generating a seamless transition between the different urban tissues.

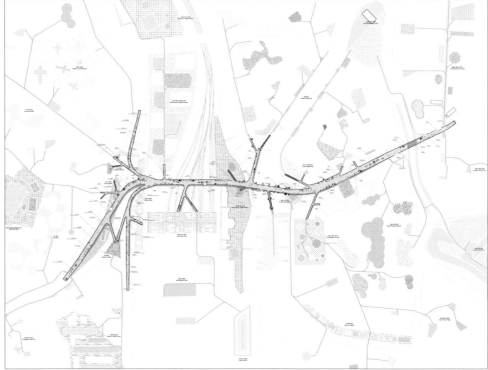

100 m

Además de un amplio catálogo de especies vegetales, el proyecto incluye piezas encargadas de catalizar la actividad, como cafeterías, librerías o tiendas, que transformarán un antiguo paso elevado en un gran parque público.

Aside from a vast repertoire of plant species, the project includes a series of customizable activators like cafés, libraries, shops, and greenhouses that will transform the old overpass into a large public park.

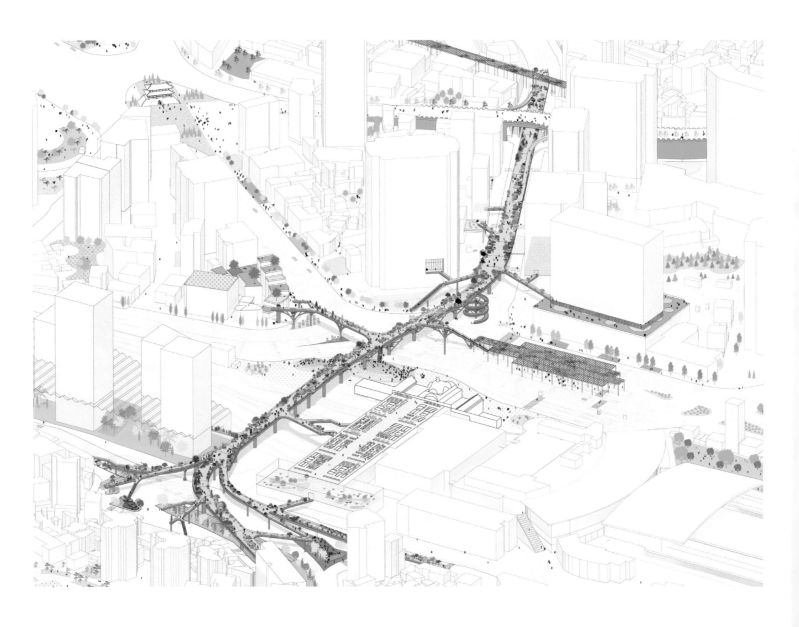

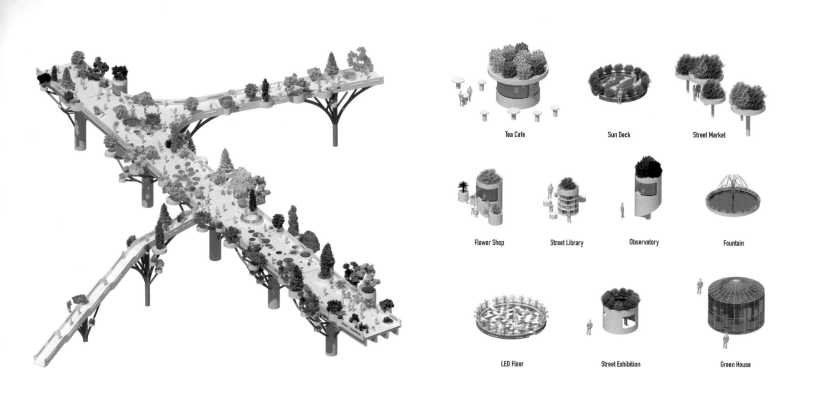

Tea Cafe

Sun Deck

Street Market

Flower Shop

Street Library

Observatory

Fountain

LED Floor

Street Exhibition

Green House

Ciudades visionarias

El proyecto de arquitectura es un recurso del que MVRDV se ha servido para imaginar escenarios utópicos y reflexionar sobre los límites de la realidad. Con independencia de su viabilidad, las cinco visiones recogidas aquí sugieren soluciones futuristas a cuestiones críticas del mundo contemporáneo. Ante la gran extensión de suelo que las granjas de cerdos ocupan en Holanda, el proyecto Pig City plantea reunir su producción en torres especializadas. Por su parte, Container City invita a usar los contenedores de transporte marítimo para construir equipamientos temporales en las zonas portuarias de las ciudades, y China Hills imagina un paisaje urbano de montañas artificiales que optimiza el soleamiento de las torres. Finalmente, y en otra escala, el masterplan de Oosterwold establece una normativa para fomentar el urbanismo autorregulado por las comunidades, mientras que el proyecto del hutong del futuro establece vías para modernizar los barrios tradicionales de Pekín.

Visionary Cities

Over the years MVRDV has relied on the architecture project to imagine utopian scenarios and ponder on the limits of reality. Regardless of their feasibility, the five visions gathered in the following pages suggest futurist solutions to issues that are critical in the contemporary world. To reduce the huge amount of land used for pig farming in Holland, the Pig City project considers concentrating pork-production activities in specialized towers. For its part, Container City proposes using sea transport containers as temporary facilities in port areas of cities, and China Hills imagines an urban landscape of artificial hills that optimizes sunlight in the towers. Finally, and on another scale, the Oosterwold masterplan establishes rules to promote self-regulated urbanism in communities, while The Next Hutong project devises ways in which to modernize the traditional neighborhoods of Beijing.

Pig City
Pig City

Proyecto *Project*
Pig City
Cliente *Client*
Stroom, The Hague's Centre for Visual Arts
Arquitectos *Architects*
MVRDV
Colaboradores *Collaborators*
Winy Maas with Ronald Wall, Arjan Harbers,
Cord Siegel, Anton van Hoorn, Christoph Schindler,
Katarzyna Glazewska and Uli Queisser; Meta
Berghauser-Pont, Permeta Architecten (estudios
iniciales *initial studies*)
Consultores *Consultants*
Willem van der Schans and Robert Horste, Agriculture
Economics Research Institute LEI (investigación
científica *scientific researchers*); Wieland + Gouwens
(infografías *renderings*)

E N EL AÑO 1999, los Países Bajos contaban con 15,5 millones de personas y casi el mismo número de cerdos con 15,2 millones repartidos en 16.400 granjas. El proyecto Pig City propone una solución alternativa a la industria biológica del momento, explorando cómo se pueden cambiar los métodos de producción.

Siguiendo los estándares europeos de ganadería orgánica y teniendo en cuenta las deficiencias del sistema existente, se diseña una unidad básica que mejora el bienestar de los animales; ya que tienen más espacio, se organizan por grupos de menor tamaño y cuentan con instalaciones de mayor calidad. Una vez resuelta la célula mínima, se planifican los servicios comunes y la logística. Para reducir el consumo de superficie y eliminar el transporte, se concentran todas las fases del proceso en un solo lugar. El matadero es el elemento crítico, ya que necesita un gran número de cerdos para ser rentable, así que se toma como medida de cada comunidad. Las granjas distribuidas en bandejas, con ventilación y luz natural, se apilan sobre el matadero y se comunican entre sí mediante ascensores. Cada bloque, de 622 metros de altura, abastece a medio millón de personas, por lo que serían necesarias 31 torres para suministrar carne de cerdo a toda Holanda.

I N 1999, THE *Netherlands had a population of 15.5 million people and almost the same number of pigs, with 15.2 millions distributed in a total of 16.400 farms. Pig City proposes an alternative solution to the current bio-industry, exploring how to change the production methods.*

Following the EU guidelines for organic farming and taking into account the deficiencies in the present system, the design proposes a basic organic pig farm. This farm offers a solution to the welfare problem in housing, because pigs have more space, are kept in groups of natural size, and have better facilities and comfort. The design of the basic farm unit is the first step, and then comes the planning of services and logistics. To reduce land-use and avoid stressful transportation, all the production elements and phases are concentrated in the same place. The slaughterhouse is a commercially critical factor, because it needs a great number of pigs to be profitable. By stacking all needed farms as separated floors on top of the slaughterhouse, the transport will be concentrated within lifts. Each tower is 622 meters tall and supplies half a million people, so 31 towers are needed to supply the Dutch with sufficient pork meat.

Para hacer frente a la gran cantidad de superficie que consume la industria porcina en Holanda (el principal exportador de carne de cerdo de la UE) el proyecto Pig City imagina granjas en altura que concentran todo el proceso.

To reduce land-use and transport in the pig farming industry in the Netherlands (the chief exporter of pork in the EU), the Pig City project proposes high-rise farm units that concentrate the whole production process.

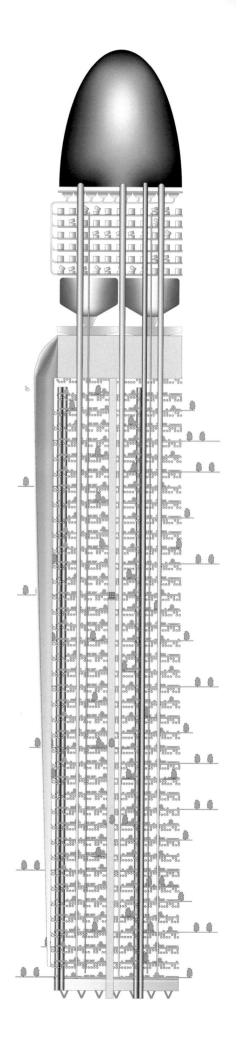

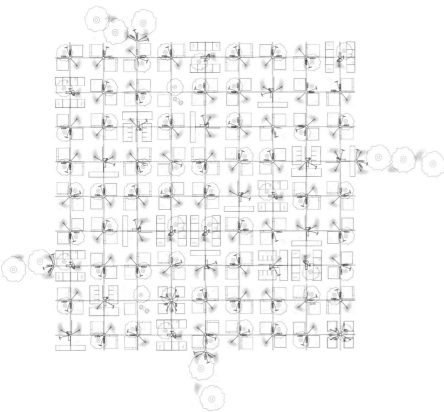

Cuarenta granjas de cerdos ecológicos se apilan sobre un matadero comunal y cuentan con una planta de reciclaje de fertilizantes autosuficiente, un núcleo central de comida y un sistema de transporte vertical por ascensores.

Forty ecological pig farms are stacked on top of each other to support a communal slaughterhouse, a self-sufficient fertilizer recycler, a central food core, and a vertical transportation system through lifts.

2001-2002, Rotterdam (Países Bajos *Netherlands)*

Container City
Container City

Proyecto *Project*
Container City
Cliente *Client*
1 AB, Rotterdam
Arquitectos *Architects*
MVRDV
Colaboradores *Collaborators*
Winy Maas with Marc Joubert, Cord Siegel,
Jesse Wark
Superficie construida *Built-up area*
90000 m²

COMPUESTO POR 3.500 contenedores, el proyecto se concibe como un gran hangar situado junto al canal Nieuwe Maas, en el puerto de Schiemond, en Rotterdam. Los contenedores se usan como envolvente —suelo, muros y techo— de un espacio inmenso. Desde el punto de vista estructural, un conjunto de cables conecta las diferentes unidades entre sí y las somete a tensión, generando grandes vigas que salvan la luz del espacio diáfano interior. Este sistema permite enlazar quince cajas apiladas para construir los muros, de manera que el visitante está rodeado por contenedores en todas las direcciones. La intimidad de cada cubículo contrasta con la amplitud del área central, como si se tratara de una colmena gigante con 3.500 nichos donde se puede comer, dormir, ver una exposición o asistir a un espectáculo. El edificio da cabida, por tanto, a una gran variedad de usos como hoteles, bares, galerías, balnearios, salas de conferencias, espacios de reunión, talleres, escuelas o guarderías.

Mediante un sistema de raíles situado en zonas concretas, los contenedores pueden desplazarse fácilmente de manera que se crean grandes ventanas. El acceso a cada unidad se produce a través de una estructura complementaria formada por pasarelas, escaleras y ascensores.

SUBTRACTED TEMPORARILY *from the world wide flow of trade, 3,500 containers are gathered in Rotterdam to form a megacontainer on the scale of the city: the City Container. These containers are used as the envelope – floor, walls, and ceiling – of an immense space with unusual dimensions. Cables connect the containers and put them under tension, turning them into hollow 'beams' measuring 6 containers long and spanning the hall. This tension allows as well to stack 15 units on top of each other to build the walls. In this hall the visitor is surrounded by all the units, each directly connecting the intimate with the grand scale of the hall. It creates a giant 'bee-hive' with 3,500 niches for sleeping, eating, exhibiting, or performing. The building in this way creates space for a wide range of amenities such as hotels, bars, galleries, a spa, conference spaces, shops, meeting rooms, ateliers, schools, and creches.*

By putting parts of the containers on rails, they can be easily removed. This creates giant 'windows' that open up to the surroundings. The access to each container unit is through a complementary structure consisting of footbridges, galleries, construction lifts, and stairs.

Como si fueran piezas de un juego de construcción infantil, miles de contenedores de transporte se alejan temporalmente del flujo comercial y se apilan para conformar un megacontenedor en la ciudad de Rotterdam.

As if they were parts of a construction game for children, thousands of cargo containers are temporarily subtracted from the flow of trade and stacked to generate a megacontainer in the city of Rotterdam.

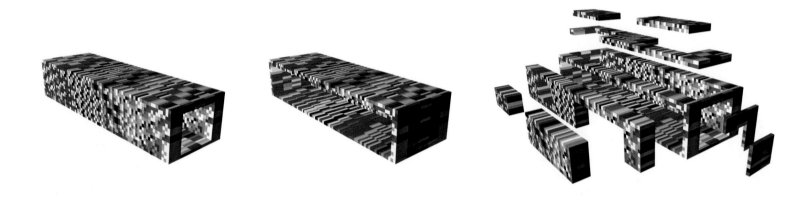

La amplitud del espacio central contrasta con la escala doméstica del interior de cada contenedor, a donde se llega mediante una estructura auxiliar formada por pasarelas, ascensores y escaleras.

The vast central space contrasts with the domestic scale of the interior of each transport container, accessed via a complementary structure consisting of footbridges, construction lifts, and stairs.

2009, China
China Hills
China Hills

Proyecto *Project*
China Hills
Arquitectos *Architects*
MVRDV
Colaboradores *Collaborators*
Winy Maas and Jacob van Rijs with Wenchian Shi,
Sabina Favaro, Paul Kroese, Oana Rades, Attilio
Ranieri, Kyo Suk Lee, Filip Tittl, Ignacio Zabalo
Martin (diseño expositivo *exhibition design);* Jan
Knikker (planificación de medios *media planning);*
Unlimited CG (producción audiovisual *movie maker);*
Hua Yei Model (maquetas *model maker)*

En los últimos veinte años, el crecimiento económico de China ha dado lugar a un desarrollo urbano desmesurado protagonizado por las migraciones del campo a la ciudad. A pesar de su gran tamaño, la mayoría de los nuevos distritos son monótonos, carecen de individualidad y dependen exclusivamente de materias primas y recursos externos. China Hills es un proyecto visionario que imagina cómo podrían evolucionar estas ciudades con el objetivo de inspirar la planificación urbana del futuro y estimular las reformas sociales. La gran densidad de población requiere edificios en altura y programas mixtos; sin embargo, la tipología actual de torres bloquea el acceso de la luz hasta el nivel del suelo, impidiendo la producción de energía y el cultivo de alimentos sobre el terreno.

Con el objetivo de ampliar la superficie expuesta al sol, el proyecto plantea ampliar cada forjado de forma escalonada, generando rascacielos más abiertos, atractivos y habitables. Por su parte, el espacio interior se horada con grutas gigantes para alojar los programas que necesitan menos luz. El resultado es una nueva forma de cordillera habitada, donde la individualidad se combina con las responsabilidades colectivas; y donde la arquitectura y el urbanismo se mezclan con el paisaje en una experiencia continua.

Over the last *twenty years, the incredible economic growth of China has led to enormous urbanization, with massive migrations from rural to urban areas. Though impressive in size, most of these urban developments are rather monotonous, lacking diversity, individuality, and moreover, relying on external resources. China Hills is a visionary project from which future urban planning programs can draw inspiration and stimulate social reformation. The density needed requires tall buildings and mixed programs, but the current typology of towers does not offer sufficient natural lighting for food and energy production above ground level.*

By making spacious, raked terraces the areas exposed to sun are increased, generating more open, attractive, and livable high-rises. The interiors of these 'hills' are destined for retail, leisure, and industry, with giant grottoes for programs which require less light. By inserting these new 'hills' in and around existing cities, a new form of inhabited mountain range appears; one where individuality blends with collective responsibilities, and where architecture, urbanism, and landscape blend into a continuous spatial experience.

China Hills es un proyecto visionario que da respuesta al fuerte crecimiento urbano mediante colinas habitadas que maximizan el soleamiento y combinan de forma continua las necesidades de vivienda, urbanismo y paisaje.

China Hills is a visionary project that addresses the issue of huge urban growth with inhabited hills that maximize daylight and where housing, urbanism, and landscape blend into a continuous experience.

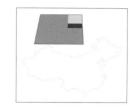 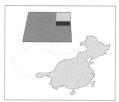

La forma cónica de las torres permite que el sol llegue a todos los niveles, de manera que se puede llegar a cultivar el terreno. Por su parte, los espacios que no requieren luz se sitúan en cavidades horadadas en el interior.

The conic shape of the towers lets sun reach all levels, making food and energy production possible. The spaces which don't require as much natural light are located in giant grottoes carved into the building.

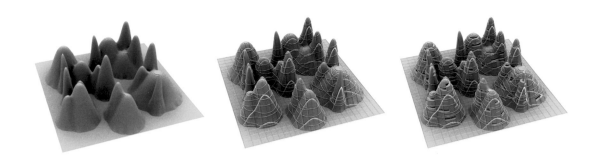

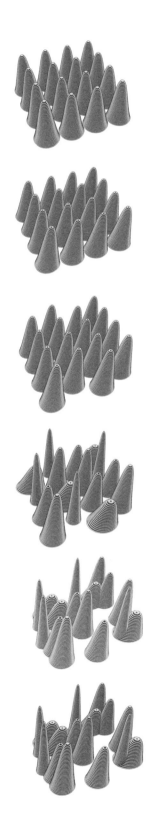

2011-, Almere (Países Bajos *Netherlands*)
Plan urbano Almere Oosterwold
Almere Oosterwold Masterplan

Proyecto *Project*
Almere Oosterwold
Cliente *Client*
Werkmaatschappij Almere Oosterwold, Municipality
of Almere
Arquitectos *Architects*
MVRDV
Colaboradores *Collaborators*
Winy Maas with Jeroen Zuidgeest and Klaas Hofman,
Chiara Quinzii, Mick van Gemert, Sara Bjelke,
Jonathan Telkamp, Maarten Haspels, Wing Yun
Consultores *Consultants*
DLG: Niels Hofstra (paisajismo *landscape*);
Grontmij: Alex Hekman, Martin de Jonge,
Jasper Groebe (infraestructura, energía y
saneamiento *infrastructure, energy and sanitation*);
Wageningen University: Jan Eelco Jansma (agricultura
urbana *urban farming*)

EN CONTRASTE con las políticas urbanas en las que la estructura es rígida y predecible, la propuesta para el desarrollo de Almere Oosterwold se basa en la libertad de iniciativas tanto individuales como colectivas. El área de 43 kilómetros cuadrados, situada en el límite este del núcleo urbano, será la transición entre la ciudad y el paisaje agrícola de los pólderes, de manera que se creará un lugar donde vivir de forma contemporánea que mantendrá, sin embargo, el carácter rural.

Cada promotor podrá construir lo que quiera y como quiera, pero deberá seguir una serie de principios que marcarán las directrices del desarrollo urbano. Las parcelas incluirán un tramo de camino público, un espacio verde, una reserva de agua y una zona de agricultura urbana. Una vía accesible rodeará cada unidad garantizando un paisaje permeable y continuo. Los servicios comunes se desarrollarán sólo cuando sean necesarios de forma participativa. Para contribuir a los objetivos de sostenibilidad de la ciudad, la mitad del área se destinará a agricultura urbana, reduciendo la distancia entre la producción y el consumo. El resultado es, por tanto, un urbanismo que se expande y evoluciona de forma orgánica a lo largo de un amplio periodo de tiempo.

IN CONTRAST *with urban plans where the structure is rigid and predictable, the proposal for the development of Almere Oosterwold is based on freedom of both individual and collective initiatives. The area of 43 square kilometers, located at the edge of this urban core, is the transition zone between the city and the agricultural landscape of the polders, offering space for contemporary living, working, and recreation with a green and rural character.*

Each initiator will build whatever they want and however they want, but following a series of principles that will mark the guidelines for urban development. All the plots will include a piece of public road, green space, water buffer, and space for urban agriculture. An accessible 'path' around each plot and a setback from the roads will guarantee a permeable and continuous green landscape. Communal services will be developed only when they are needed in a collective and participatory way. To contribute to the city's sustainability goals, 50% of the area will be destined for urban agriculture, reducing the distance between production and consumption. The result is an urban planning that evolves organically over a long period of time.

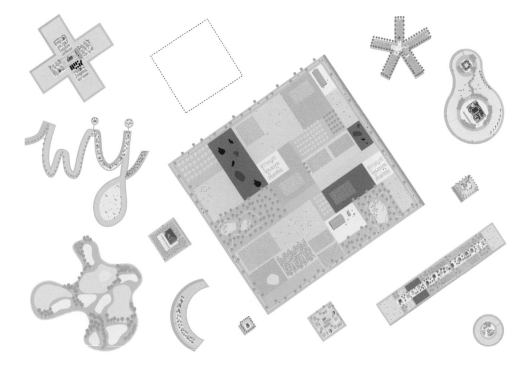

En el límite este de la ciudad holandesa de Almere, el proyecto plantea un desarrollo urbano de baja densidad, que evoluciona de forma flexible y progresiva de acuerdo a las necesidades de los habitantes.

On the eastside of the Dutch city of Almere, the development strategy proposes a low building density that evolves over the years in a gradual and flexible manner according to the needs of inhabitants.

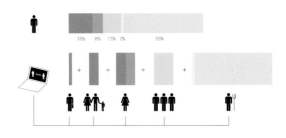

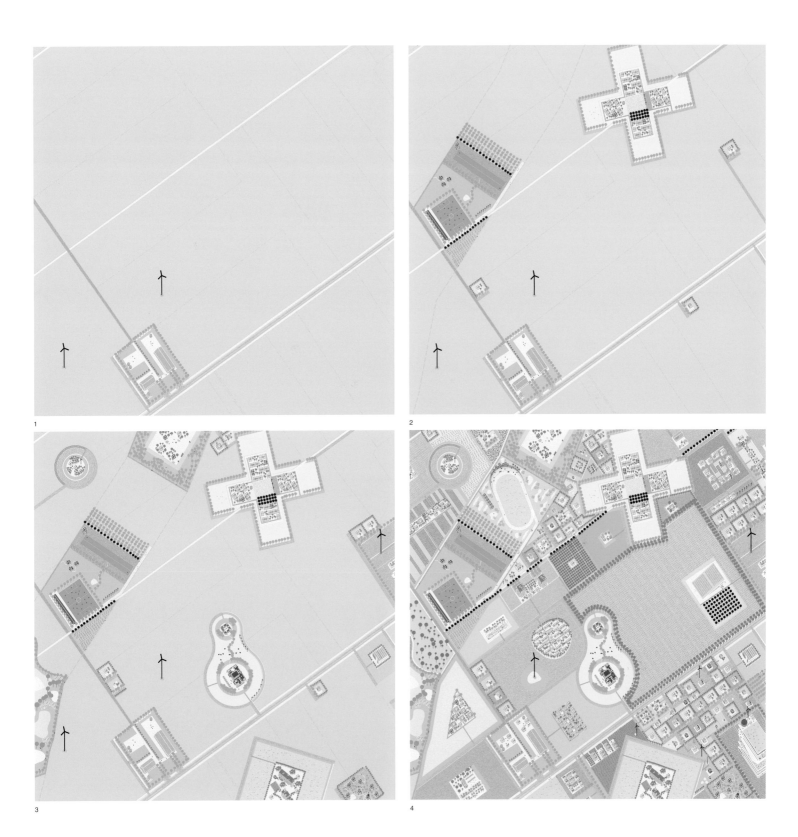

Para conservar el carácter rural de esta zona suburbana, se establece una división programática que se mantiene en las distintas escalas, donde destaca el espacio destinado a agricultura con un 50 por ciento del total.

To preserve the rural character of this suburban zone, the project brief establishes a programmatic division that is maintained in the different levels, and where the area devoted to agriculture (50% of the total) is especially relevant.

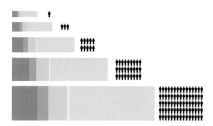

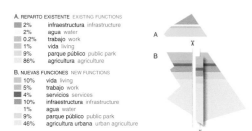

A. REPARTO EXISTENTE EXISTING FUNCTIONS
- 2% infraestructura infrastructure
- 2% agua water
- 0.2% trabajo work
- 1% vida living
- 9% parque público public park
- 86% agricultura agriculture

B. NUEVAS FUNCIONES NEW FUNCTIONS
- 10% vida living
- 5% trabajo work
- 4% servicios services
- 10% infraestructura infrastructure
- 1% agua water
- 9% parque público public park
- 46% agricultura urbana urban agriculture

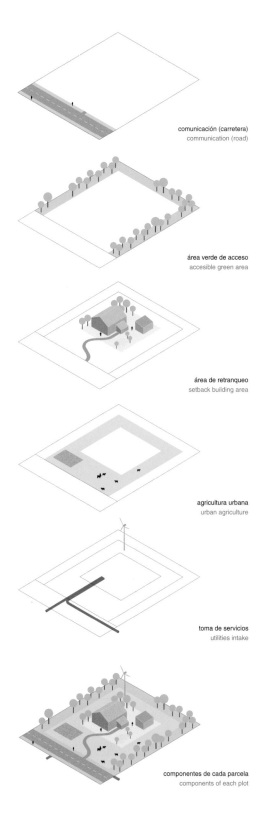

comunicación (carretera)
communication (road)

área verde de acceso
accesible green area

área de retranqueo
setback building area

agricultura urbana
urban agriculture

toma de servicios
utilities intake

componentes de cada parcela
components of each plot

Cada promotor podrá
elegir el contenido y la
forma de su parcela, pero
deberá incluir una serie de
elementos preestablecidos
—como un camino
perimetral o una reserva
de agua— para asegurar la
viabilidad del conjunto.

Each initiator or developer
is free to choose the
content and form of the
plot, but is required
to include a series of
predetermined elements
(a public road, green
space, water buffer...) to
make the project feasible.

2014, Pekín *Beijing* (China)
El hutong del futuro
The Next Hutong

Proyecto *Project*
The Next Hutong
Cliente *Client*
Beijing Oriental Culture Assets Operation Corporation,
Beijing Center for the Arts
Arquitectos *Architects*
MVRDV
Colaboradores *Collaborators*
Winy Maas with Wenchian Shi, Kyosuk Lee,
Ting Wen, Michael Zhang, Jaime Bálgoma, Saimon
Gomez Idiakez

LOS BARRIOS tradicionales de China, conocidos como hutongs, han acogido durante siglos a la población que emigraba del campo a la ciudad. Su estructura, formada por casas agrupadas en torno a patios, combina el modelo de organización rural y la alta densidad urbana. Junto a la plaza de Tiananmen en Pekín, el hutong de Xianyoukou se ha ido vaciando con el tiempo y espera a ser rehabilitado.

El proyecto estudia cómo ha evolucionado el área en las últimas décadas y plantea un modelo de desarrollo para el futuro mediante un catálogo de posibles intervenciones. No se trata de imponer un plan director o un diseño cerrado, sino que se enuncia una serie de principios de rehabilitación que se llevarán a cabo de forma progresiva. En un primer momento, el gobierno inicia la regeneración introduciendo un sistema de aparcamientos y construyendo una infraestructura elemental que mejore las condiciones de habitabilidad. Estas intervenciones atraerán a inversores privados, que desarrollarán proyectos concretos, rehabilitando los patios con valor patrimonial o reinterpretando las construcciones tradicionales en las parcelas en las que las originales hayan desaparecido o estén muy deterioradas. De esta forma se consigue generar una trama diversa que conserva lo bueno del pasado y se adapta a las exigencias del futuro.

TRADITIONAL *neighborhoods in China, known as hutongs, have for centuries been the standard form of settlement for people that moved from the countryside to the growing cities. With its basic structure of houses around courtyards, the Hutong combines the organizational model of classic rural villages at high urban densities. The Xianyoukou Hutong, next to Beijing's Tiananmen Square, had lost population over time and was waiting for redevelopment.*

The project studies how the area has changed over the last decades and proposes a development model for the future through a series of possible interventions. Not a masterplan or a grand design, but a strategy for development that can be implemented in a gradual manner. By providing basic infrastructure and communal facilities, the government can play an important role in promoting further development. These interventions will attract private investors, who will develop specific projects, refurbishing the courtyards with a greater heritage value and reinterpreting the traditional structures that have been demolished or are very run-down. In this way the new urban fabric preserves the best of the past while adapting to future demands.

Por su situación estratégica, junto a la plaza de Tiananmen, la rehabilitación del Hutong de Xianyoukou se plantea como una oportunidad para revitalizar el alto valor patrimonial de estos barrios tradicionales.

Because of its strategic situation, next to Tiananmen Square, the refurbishment of Xianyoukou Hutong is set forth as an opportunity to revitalize the high heritage value of these traditional districts.

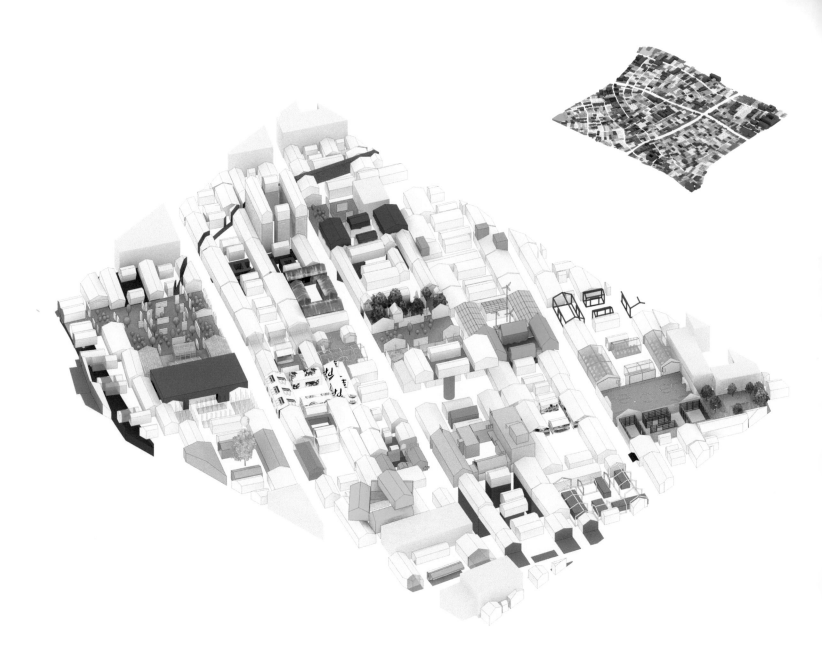

La propuesta plantea un amplio catálogo de intervenciones que abarca desde proyectos de rehabilitación estricta, a edificios que reinterpretan las estructuras antiguas, sistemas de energía renovable o elementos icónicos que actúan como hitos para la comunidad.

The proposal includes a large collection of interventions that go from refurbishment projects to buildings that reinterpret the old structures, sustainable energy systems, or iconic elements that are meant to become landmarks for the community.

PROYECTOS DE CONSERVACIÓN
THE PRESERVATION PROJECTS

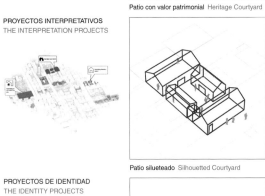

Patio con valor patrimonial Heritage Courtyard

Patio con un árbol grande Big Tree Courtyard

Patio transformado Self Evolving Courtyard

Patio mejorado Improved Courtyard

PROYECTOS INTERPRETATIVOS
THE INTERPRETATION PROJECTS

Patio silueteado Silhouetted Courtyard

Patio serigrafiado Printed Courtyard

Patio reconstruido Re-built Courtyard

Patio cubierto Cast Courtyard

PROYECTOS DE IDENTIDAD
THE IDENTITY PROJECTS

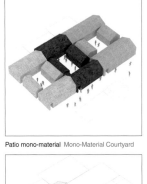

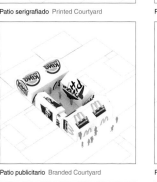

Patio mono-material Mono-Material Courtyard

Patio publicitario Branded Courtyard

Patio espejado Mirrored Courtyard

Patio pintado Painted Courtyard

PROYECTOS PERIMETRALES
THE EDGE PROJECTS

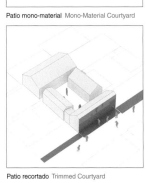

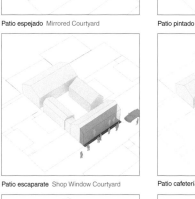
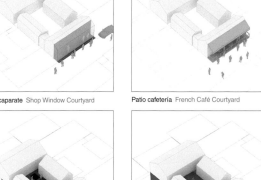

Patio recortado Trimmed Courtyard

Patio valla publicitaria Billboard Courtyard

Patio escaparate Shop Window Courtyard

Patio cafetería French Café Courtyard

PROYECTOS EXCAVADOS
THE DIG PROJECTS

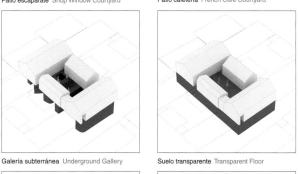

Bodega subterránea Underground Cellar

Patio reundido Deep Courtyard

Galería subterránea Underground Gallery

Suelo transparente Transparent Floor

EQUIPAMIENTOS
THE FACILITY PROJECTS

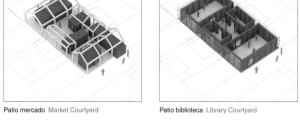

Patio guardería Kindergarten Courtyard

Patio de deportes Sports Courtyard

Patio mercado Market Courtyard

Patio biblioteca Library Courtyard

PROYECTOS DE AGUA
THE WATER PROJECTS

Patio del canal Canal Courtyard

Patio flotante Floating Courtyard

Patio palafítico Piloti Courtyard

Patio fuente Fountain Courtyard

PROYECTOS DE PASAJES
THE ARCADE PROJECTS

Patio atravesado Cut-through Courtyard

Patio penetrado Penetrated Courtyard

Patio sobre un túnel Tunneled Courtyard

Pasarela elevada Bridge Over Courtyard

PROYECTOS INSERTADOS
THE INFILL PROJECTS

Patio desfasado Offsetted Courtyard

Patio acolmatado Filled Courtyard

Patio parasitado Parasite Courtyard

Patio climatizado Climatised Courtyard

PROYECTOS VERTICALES
THE VERTICAL PROJECTS

Patio erigido Erected Courtyard

Patio elevado Lifted Courtyard

Patio apilado Stacked Courtyard

Patio extruido Extruded Courtyard

PROYECTOS VERDES
THE GREEN PROJECTS

Patio con ruinas Ruin Courtyard

Patio jardín francés French Garden Courtyard

Patio jungla Jungle Courtyard

Patio aviario Bird's Courtyard

Patio para jugar al golf Golf Courtyard

Patio vivero de flores Flower Courtyard

Patio granja escuela Childrens Farm Courtyard

Patio de bambú Bamboo Courtyard

Créditos fotográficos
Photographic credits

Los autores de las fotografías que ilustran las obras publicadas en extenso aparecen en las fichas técnicas de cada una de ellas, quedando este espacio para dar crédito al resto de las imágenes incluidas en la publicación. Los números corresponden a las páginas donde aparece la foto.

Authors of photographs illustrating the works published at length appear in the data list placed to the left of the respective work commentaries. The following list serves to credit images found elsewhere in the publication. The numbers refer to the corresponding pages.

ArquitecturaViva.com

ArquitecturaViva

187.9/2016

Ensamble Studio · H Arquitectes · Amid.cero9 · Vilalta · Barozzi Veiga · JM Sánchez
Torres-García in Madrid, Louise Bourgeois in Bilbao · DOSSIER: 3D PRINTING

Spanish Solutions
Under 50, the Crisis Generation

New York Heights
When Form Follows Finance

Light Culture
Art Venues, from SANAA in USA to OMA in Russia

O'Donnell + Tuomey

Dossier Nieto Sobejano
071 2015

Álvaro Siza
1995-2016

AV Monografías, Arquitectura Viva y *AV Proyectos*
están disponibles en edición digital en PDF con DRM,
iPad y lector multiplataforma en la nube. Las tres
revistas y la web *www.arquitecturaviva.com* se
publican en edición bilingüe español e inglés.

AV Monographs, Arquitectura Viva and *AV Proyectos*
are available in digital edition in PDF with DRM,
iPad and multiplatform cloud reader. The three
magazines and site *www.arquitecturaviva.com* are
bilingual Spanish-English.

Arquitectura Viva S.L. Calle Aniceto Marinas, 32 E-28008 Madrid España Tel:(+34) 915 487 317 Fax:(+34) 915 488 191 AV@ArquitecturaViva.com www.ArquitecturaViva.com

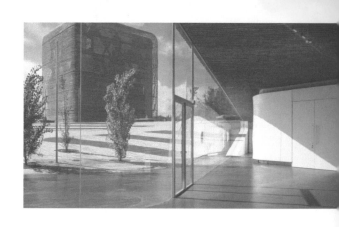

Ikus

La completa gama de luminarias de la Serie Ikus está diseñada para cumplir con la señalización en las rutas de evacuación. La innovación, la calidad en el diseño y su discreción han sido los ejes de su desarrollo, teniendo en cuenta el cumplimiento de las normativas vigentes, la integración en la arquitectura, su sencilla instalación y mínimo mantenimiento.

Disponible en tres colores:

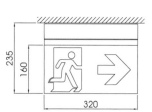

daisalux

DAISALUX, S.A.U.
Polígono Industrial Júndiz
C/Ibarredi, 4
Apdo. 1578 01015 VITORIA (España)
Tel. (+34) 902 208 108
Fax: (+34) 945 290 229
e-mail: comercial@daisalux.com
www.daisalux.com

Corredera S7, menos es más

Luz y comunicación con el entorno son dos elementos muy valorados en la arquitectura actual. Las líneas limpias y sencillas caracterizan los edificios actuales, haciendo que los elementos tengan el mínimo protagonismo. S7, con su cruce de hojas de tan solo 22 mm, contribuye a esta corriente haciendo desaparecer el elemento central. El paisaje queda enmarcado, como si de un lienzo se tratara.

S7 es el último e innovador sistema de **exlabesa**. El uso de cintas adhesivas, las uniones entre perfiles y el concepto de desagüe son sólo tres de las muchas novedades recogidas en su catálogo. Esto hace de ella una corredera diferente.

Versatilidad y eficiencia son otras de las características destacadas. Su diseño permite la unión de hojas a corte recto, a inglete o mixta; sus nueve modelos de marco se adaptan a cualquier puesta en obra. En cuanto a su comportamiento térmico, poliamidas de 34 mm aprovechan al máximo las opciones de aislamiento en su sección.

S7, la mejor opción para tu próximo proyecto.

www.exlabesa.com

exlabesa
WINDOWS · DOORS · FACADES

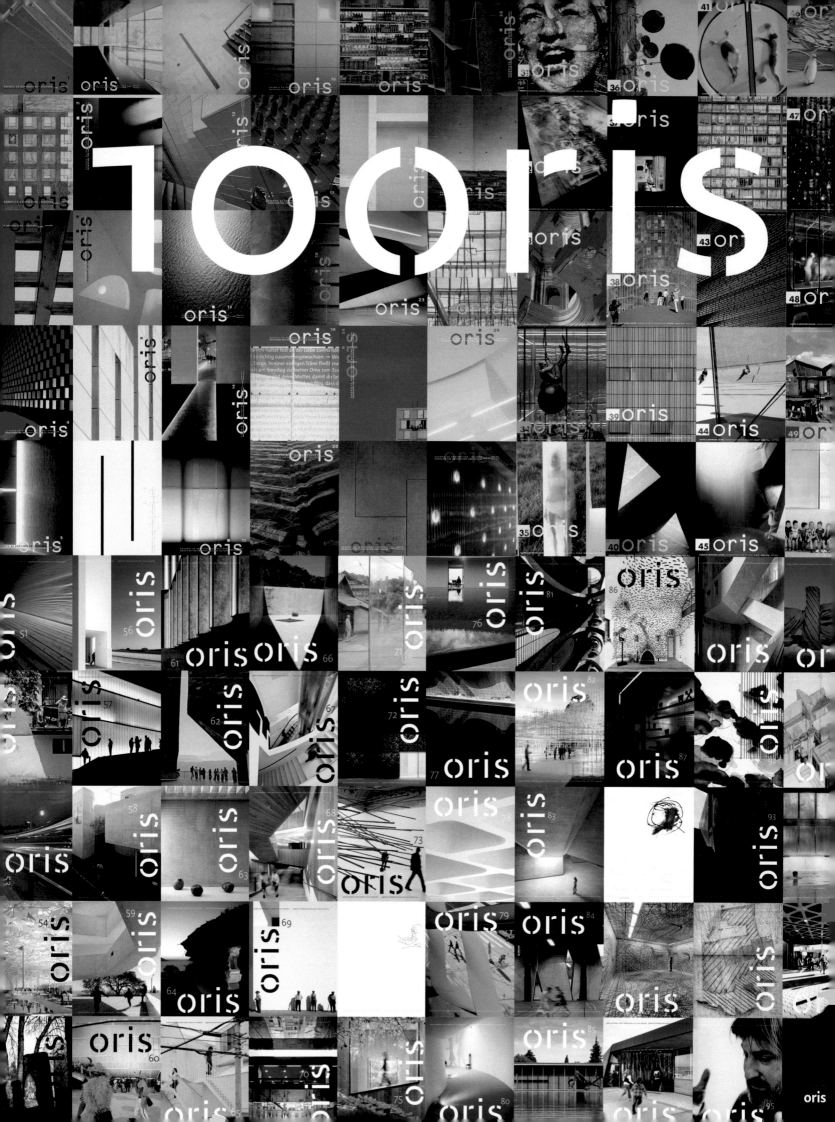

ArquitecturaViva **138** 18 €
MOSAICO COLOMBIA

ArquitecturaViva **140** 18 €
ÁFRICA ESENCIAL

ArquitecturaViva **141** 18 €
ESPACIOS EFÍMEROS

ArquitecturaViva **143** 18 €
LONDRES 2012

ArquitecturaViva **144** 18 €
BRASIL CONSTRUYE

ArquitecturaViva **146** 18 €
GRAN ALTURA

ArquitecturaViva **147** 18 €
LO COMÚN

ArquitecturaViva **150** 15 €
CENTENARY MASTERS

ArquitecturaViva **151** 15 €
LOCAL MATERIAL

ArquitecturaViva **152** 15 €
SURREAL WORKS

ArquitecturaViva **153** 15 €
WAYS OF SEEING

ArquitecturaViva **155** 15 €
SPANIARDS IN EUROPE

ArquitecturaViva **156** 15 €
INDUSTRY BUILDS

ArquitecturaViva **161** 15 €
LOCAL KNOWLEDGE

ArquitecturaViva **164** 15 €
GERMAN SPIRIT

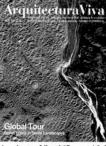

ArquitecturaViva **165** 15 €
GLOBAL TOUR

ArquitecturaViva **167** 15 €
IBERIAN HOUSES

ArquitecturaViva **168** 15 €
MASS IS MORE

ArquitecturaViva **169** 15 €
ELEMENTS

ArquitecturaViva **170** 15 €
EXPANDED ICONS

ArquitecturaViva **172** 15 €
SECOND LIFE

ArquitecturaViva **173** 15 €
SPAIN ABROAD

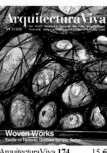

ArquitecturaViva **174** 15 €
WOVEN WORKS

ArquitecturaViva **175** 15 €
EXPO MILANO 2015

ArquitecturaViva **176** 15 €
HOMEGRAFTS

ArquitecturaViva **177** 15 €
ART FACTORIES

ArquitecturaViva **178** 15 €
ENERGY MATTERS

ArquitecturaViva **179** 15 €
NEW YORK HEIGHTS

ArquitecturaViva **180** 15 €
TIMELESS CHINA

ArquitecturaViva **181** 16 €
LIGHT CULTURE

ArquitecturaViva **182** 16 €
INDUSTRIAL HERITAGE

ArquitecturaViva **183** 16 €
MATERIAL ABSTRACTION

ArquitecturaViva **184** 16 €
OPEN AIR

ArquitecturaViva **185** 16 €
FOR CHILDREN

ArquitecturaViva **186** 16 €
CONTINUITY INVENTION

ArquitecturaViva **187** 16 €
SPANISH SOLUTIONS

Arquitectura Viva S.L. Calle Aniceto Marinas, 32 E-28008 Madrid España Tel:(+34) 915 487 317 Fax:(+34) 915 488 191 AV@ArquitecturaViva.com www.ArquitecturaViva.com